趋势跟踪

汤姆·巴索的交易谋略

［美］迈克尔·W.科维尔（Michael W. Covel）著

刘佳月 译

TREND
FOLLOWING MINDSET

The Genius of Legendary Trader Tom Basso

中国科学技术出版社

·北 京·

Trend Following Mindset: The Genius of Legendary Trader Tom Basso by Michael W. Covel
Originally published in the UK by Harriman House Ltd in 2021, www.harriman-house.com.

北京市版权局著作权合同登记 图字:01-2024-3752

图书在版编目(CIP)数据

趋势跟踪:汤姆·巴索的交易谋略 / (美)迈克尔
·W.科维尔 (Michael W. Covel) 著;刘佳月译.
北京:中国科学技术出版社,2024.10. -- ISBN 978-7
-5236-0956-9

Ⅰ.F830.91

中国国家版本馆 CIP 数据核字第 2024UL8031 号

策划编辑	李清云	责任编辑	贾　佳	
封面设计	仙境设计	版式设计	蚂蚁设计	
责任校对	吕传新	责任印制	李晓霖	

出　　版	中国科学技术出版社
发　　行	中国科学技术出版社有限公司
地　　址	北京市海淀区中关村南大街 16 号
邮　　编	100081
发行电话	010-62173865
传　　真	010-62173081
网　　址	http://www.cspbooks.com.cn

开　　本	880mm × 1230mm　1/32
字　　数	127 千字
印　　张	7.5
版　　次	2024 年 10 月第 1 版
印　　次	2024 年 10 月第 1 次印刷
印　　刷	北京盛通印刷股份有限公司
书　　号	ISBN 978-7-5236-0956-9/F·1314
定　　价	69.00 元

迈克尔·W. 科维尔的其他著作

《趋势跟踪》(*Trend Following:How to Make a Fortune in Bull，Bear，and Black Swan Markets*)

《海龟交易特训班：公开股市交易超高获利内幕　看普通人如何成为百万富翁》(*The Complete Turtle Trader :How 23 Novice Investors Became Overnight Millionaires*)

《趋势跟踪的 14 堂必修课：全球投资界顶尖交易奇才控制风险、跑赢大盘的投资策略》(*The Little Book of Trading :Trend Following Strategy for Big Winnings*)

《趋势戒律：超额收益交易策略》(*Trend Commandments :Trading for Exceptional Returns*)

感谢刘崔宁（Liễu Trịnh）所做的一切。

序

与"宁静先生"相伴的时光

——布伦达·拉塞尔-巴索

我与汤姆·巴索（Tom Basso）相识于他退休的一周后，当时我们俩都在亚利桑那州的斯科茨代尔学两步舞。上课的地方并不是什么高端场所，就是个牛仔休闲酒吧。离开的时候，我发现他开着一辆相当不起眼的SUV（运动型多功能汽车），他后来说它相当实用，这辆车陪伴他已12年之久了。在这几个月的课程中，我们又断断续续见了很多次，彼此间的交谈也就多了起来。很快我便了解到，汤姆既执着又充满活力，满怀热情地把退休生活打点得多姿多彩。我后来意识到，这种执着与活力来自他漫长的职业生涯。他的兴趣相当广泛。除了跳舞之外，他还会打高尔夫、唱歌、烹饪、绘画、垂钓、布景、阅读和酿酒。如此多的爱好，让人不禁对他"宁静先生"（Mr. Serenity）的绰号产生疑问，但随着我对汤姆的了解逐步深入，我渐渐理解了独属于他的"宁静"。

汤姆最近举办了一次交易研讨会，我在会上担任主持人。休息时间，一位参会者不经意间问起我与"宁静先生"共同生活的感受——"宁静先生"是杰克·施瓦格（Jack Schwager）给汤姆起的一个很有名的绰号。不过几句话的工夫，就聚起了一小群人。很显然，这个话题远比我想象的要吸引人。倘若你看过汤姆的采访，研习过他的交易方法和长期的交易成功经验，你可能就会觉得："他的思想我真是难以望其项背。"你或许会想，刻意把退休生活安排得满满当当，一定会十分忙碌、压抑。但细细探究后，你便会明白，他其实是把工作时的那种专心致志和毫无压力的态度转移到了退休生活中。他以适合自己的方式拍摄自己的"人生电影"，每一种兴趣都是独立的一帧，都能让他轻松安然地享受其中。

汤姆那善于分析、工程师般的头脑在构思交易策略时彰显得淋漓尽致，他细致入微、抽丝剥茧，执行策略时对细节的把控令人叹服。12岁那年，他买了本讲催眠的书。我可以作证：他只需6秒左右就能入睡。有一次，他在苦练高尔夫挥杆技术时说道："我觉得我左侧身体得增重30%。"我们养了一条叫班卓的小狗，它是我们平淡生活的调味剂。每当有人问起它是什么品种时，汤姆就会回答："25%的迷你贵宾犬，25%的迷你雪纳瑞，50%的梗犬，鉴于班卓的毛色，梗犬应该偏小麦色。"（或许回答它是混血、给了我们很多温暖就够了。）

他开发的菜谱也是加一点这个、撒一点那个，多到让人眼花缭乱的食材混合在一起，能缔造出让人意想不到的美味。（我有幸能品尝到他的杰作。）他是1970年代摇滚乐的行家，能在几秒钟之内判断出大部分热门歌曲和艺人。（我个人更喜欢贝多芬。）他甚至还列了20条心仪伴侣的特质，内容非常详细，我发现后惊讶万分。（还好，我满足了19.5条。那0.5差在哪儿呢？我这辈子的身高是到不了 1.8 米了。）他的确专注细节。我们的一位朋友曾打趣道："千万别问汤姆现在几点，否则他会跟你讲怎么制造手表！"

不过，我们还是回到"宁静"这个话题上。我不会经常询问我们投资组合的运作情况。我负责我们的房地产投资，并不过问交易的问题。不过有时，我也会问问："今天我们赚到钱没？"他可能会回答道："没赚到，今天还损失了不少。"这样的消息往往让我很无语、捶胸顿足，但他确实在陈述事实，没有任何情感波动。若是大赚了一笔，我会高兴得手舞足蹈，可汤姆依然是陈述事实、冷静自持。于是我懂了，他真的在践行自己最爱的一句话："市场有自己的运作规律。"

对于那位参会者的问题，我的回答是："和宁静先生共同生活确实在各个方面都让人身心安宁。我亲眼见证了汤姆有条不紊、镇静自若地完成自己的待办事项。我们的生活没有大吵大闹。每一天，我们都在'享受这段旅程'"。

布伦达·拉塞尔–巴索（Brenda Russell–Basso）

前　言

"太难听了，全是废话。太折磨人了。这人好像不正常，把这个播客当心理咨询了。"

以上是我的"趋势跟踪"播客中我最喜欢的评估之一。

时至今日，该播客已累计播出 1000 多期，播放次数高达1000 万次，受邀嘉宾中有 6 位诺贝尔奖得主、大批亿万富翁和不计其数的世界级企业家和学者。但能有这么一位听众写下他的满腔愤怒，我倍感荣幸，因为他的评论证明我的这类播客并不适合所有人（这一点一会儿再谈）。

想现在就开始听吗？那你需要日夜不间断地听上一个多月才能赶上最新一期！

我都从这些优秀的嘉宾身上学到了什么？他们有没有什么共同之处？我想到了以下 6 点：

1. 做正确的事，把筹码放在该放的地方；

2. 谈论嘉宾的天赋就是在削弱他们为其行业付出的努力；

3. 了解技能与幸运的区别；

4. 很多人不喜欢真相；

5. 过程大于结果，这是成功的关键；

6. 你可能永远也不懂"为什么"，所以就跟着趋势走吧。

我现在可能还没有乔·罗根（Joe Rogan）或者蒂姆·费里斯

（Tim Ferriss）这样的知名人物当听众（只是暂时还没有），但我始终惊叹于播客的影响之广泛。一个人，一架麦克风，再用个Skype^①，就能让一档播客从籍籍无名凭借口碑走红？这太酷了。如今的世界可真有趣。

听众找到我的播客的最难以置信的方式是什么呢？在此我要感谢喜剧演员兼《宋飞正传》（Seinfeld）的联合主创拉里·戴维（Larry David）。他说：

"最开始我是怎么听到你的播客的呢？特有意思。我当时在找采访我本人的播客，结果就找到了你那期《抑制热情》（Curb Your Enthusiasm）^②。自此，我的投资生涯发生了巨大的变化。现在我会让我的孩子试着听一听，看看会不会引起他们的共鸣。但我也不会强迫他们听，他们会找到最适合自己的内容。"

是不是特别棒？他能成为我的听众竟始于偶然。

那这样的播客要怎样起步呢？答案是：优秀的嘉宾。我非常荣幸能邀请到他们。我也不是一开始就能邀请到顶级的嘉宾的，是一点一点积累下来的——用了数年的时间。但在 2012 年，有一个特别的嘉宾帮助我的播客走向了正轨。让我借用一位听众在第 400 期的评论来介绍这位特别嘉宾：

---

① 　一款即时通信软件。——编者注
② 　拉里有一部同名喜剧就叫《抑制热情》。——译者注

"我对自己说：'我绝对不可能听汤姆·巴索的播客听四个小时……'结果等我听到第三个小时时，我又对自己说：'我得向你道歉，这可太太太精彩了！'"

我们来回忆一下汤姆是谁。

汤姆最初出现在施瓦格的《金融怪杰》(*Market Wizards*)系列中，被称为"宁静先生"。汤姆曾是 Trendstat 资本管理公司的总裁兼创始人，现已从客户资金管理的工作中退休。他于 1980 年成为注册投资顾问，又于 1984 年成为注册商品顾问。他在趋势跟踪交易方面经验丰富，堪称当代传奇。

所以不难想见，我极力邀请他进行播客首秀，他欣然接受了。之后他一次又一次受邀出席我的播客。反响如何？听众们对汤姆这位退休的传奇人物表现出了极大的热情。汤姆为什么会如此引人共鸣？是他的思维。他干货满满、直言不讳、切中要害，但又富有同理心。他的确是个特别的存在。

然后有一天，我对自己说道："要是我把汤姆的所有播客弄成个大合集怎么样？"于是，我的第 400 期播客就诞生了。这个大合集一炮而红，但我并未止步于此。汤姆依然一次又一次做客我的播客，听众们十分爱戴他。所以，作为一位明智的播客主持，我当然要听从听众的想法了。

汤姆有什么特别之处？

为什么你一定要听一听他的声音呢？

很多投资人研究供求关系，或是他们认为的市场价值的其他基本面要素。他们依赖政府政策、经济预测、市盈率和资产负债表分析来做出买卖的决定。他们仿佛信仰宗教一般虔诚，而这个"宗教"就被称为基本面分析。归根结底，这是在讲故事——讲你在彭博社（Bloomberg）、在美国消费者新闻与商业频道（CNBC）等地方看到的东西，无时无刻不在讲。这简直就是个大型猜谜游戏，是自尊心的博弈。

我希望你把那些通通扔掉。我要你换个方式思考。我要你像汤姆，也就是趋势跟踪者一样思考。我写作这本书的目的很简单：把所有我能找到的与汤姆相关的内容整合到一本独特的书中。本书包括所有我对他的采访（以及其他采访），以及汤姆在趋势跟踪研究方面最重要的文章。

我认识了很久的一位同事为我的播客推荐了一位新嘉宾。
她问道："你有没有采访问题模版给他？"
我答道："没有。"

在走进我们的第一场采访之前，我想谈一谈我的采访方式。好的采访不是提问的形式，而应该是对话的形式。我不会问时事热点问题，那毫无意义。头条热门采访对新手交易者来说无异于毒药。我希望我的嘉宾能给出恒久、通用的观点。所以本书接下来的内容便是我与汤姆之间的"恒久"对话（见第一部分），以及汤姆在职业研究中获取的详尽的交易洞见（见第二部分）。

作家赛斯·高汀（Seth Godin）有言："一旦下定决心想赢得持续关注，问题就从'明天我该发博文吗？'变为'明天我该发什么博文？'"

我对我的书和播客也持同样的态度。我很幸运能有像汤姆一样的嘉宾帮助我的播客起步，并最终写成了这本书。现在该你做决定了。要不要采纳汤姆的生财之道，你来做主。

CONTENTS

目　录

第一部分

采访

享受这段旅程

第 10 期　2012 年 4 月 25 日

汤姆：我退休差不多 8 年了，这是第一次接受采访。

迈克尔：我发现，关于趋势交易的经验永远不会过时；它经久不衰。我们可以从开拓者身上学到很多智慧。有的时候人们会问我："科维尔，你能从这些几十年前的老一辈身上学到些什么？"我总会回答："嗯？这还用问吗？"

汤姆：趋势交易确实没有太大变化呀，科维尔。都是一样的。我今天就是来看看，确认一下我以前的东西是否还在，毕竟我已经很久没有接受采访了。我刚刚在谷歌（Google）上搜我的名字和我以前的公司 TrendStat，浏览了整整 30 页的搜索结果。我太惊讶了，因为网上什么信息都有，太神奇了。信息一旦被发布在网上，就会长期在网页上被保存下来，所以我就像是顺着它开启了一趟回忆之旅。

迈克尔：那我们先从你小时候说起。很多人都在问："13 岁或 16 岁时的汤姆是什么样的？"你在那个年纪都在想些什么？你一开始都在做些什么？后来转变的契机是什么？

汤姆：我 12 岁的时候，晚上会给人送报纸——《锡拉丘兹先驱报》（*Syracuse Herald Journal*）。当时我有 82 个"客户"，一周能赚 10 美元。大概就是在那时候，有位共同基金业务员来拜访我父亲。我听到了他们的对话，很感兴趣，于是就开始买一些共同基金。

迈克尔：才 12 岁！真是赢在起跑线上了。

汤姆：等到上大学，我才回本，因为业务员的前端收费不低。我当时 18 岁左右，我买的基金刚刚达到不赚不赔的状态。也就是那时，我意识到基金市场有涨有跌。大三的时候，我开始考虑上哪儿找份化学工程师的工作，因为我在纽约州波茨坦镇的克拉克森大学上学，读的就是化学工程专业。

当时我收到 25 份工作邀请，所以我就想，是不是可以绘制其中一些公司的股票走势，看看它们是做什么的、行情怎样，以此帮助我做决定。最后，我去了圣路易斯市的孟山都公司（Monsanto）。我绘制了孟山都的股票走势，看它有涨有跌，就买了它的股票。不过我意识到单纯购买和持有股票是很愚蠢的举动，因为它有时涨到 40 美元，有时又跌到 20 美元。我就想，我不妨利用每次涨跌的机会赚钱，毕竟当时股价几乎没有高过 40 美元的时候。当然，我说的是 20 世纪 70 年代。

这就让我更想尝试量化交易："我怎么才能既赚到钱，又不用费太多心思？"因为我当时特别忙，做化学工程师的同时还在读工商管理硕士（MBA），还创立了一家叫肯尼迪资本（Kennedy Capital）的公司，它是 TrendStat 的前身。其实肯尼迪资本直到现在都还在，是圣路易斯的一家小型资金管理公司。我当时卖掉了这家公司的股份，转而创立了 TrendStat。将趋势跟踪的方法应用于期货和货币领域，可以说是一大跃迁。我在期货投资上倾尽全力。一转眼 28 年过去了，我也退休了。

迈克尔：您这样的人物，讲故事飞快呀，30 秒就讲完了。我可不会让你这么轻易就脱身的。除了自己做内部研究、看图表、观察走势涨跌，你有没有受到前人的激励或影响呢？

汤姆：还真没有。我是工程师出身，对计算机很在行，但你要知道，我可从来都不是经纪人。我从没在投资银行工作过，从没去过交易所。我是在投资俱乐部的时候才开始管理他人的资金的。投资俱乐部的人很多都挺懒的，基本都把大部分的活留给两个人做，我就是其中之一。

我在数学、逻辑方面的知识储备很丰富，解决问题的效率也很高。我开始认识到，人类的努力分为两种类型：一个是生产方面，也就是说，你本可以努力教计算机做事，但出于某种原因，你决定自己来做这件事；另一个是创意方面，你没法真正教计算机如何创造新的东西——艺术品或是其他什么东西。

我意识到自己时间有限。如果我想变得有创意，想通过阅读新的书籍、探索新的研究角度来把交易上升到新的高度，我就得参与到交易实务当中：买进卖出。那我去哪儿买，又去哪儿卖呢？我买多少，又卖多少呢？

我一定要把这些东西弄明白，让它变得简单。我要在很短的时间内完成它，这样我就有时间做自己喜欢的创意类工作了。

你还记得 RadioShack TRS-80① 吗？那是我拥有的第一台电脑。之后我又买了 IBM PC，然后又买了 AT 机。我当时就是不停地在编程。我唯一的目的就是让我自己在交易这一行"失业"。我在 TrendStat 资本管理公司将自己的交易逐渐发展成为极其自动化的操作模式，基本上不需要每天做决定。这是一个高度自动化的程序，覆盖了我们用多种不同的策略和多种不同的货币进行交易的 80 多个期货市场、30 个货币市场以及大约 20 个共同基金。它的确很复杂，但我们只需要再买一台电脑，把系统装上就行。

迈克尔： 你自学成才，又算是外行，既没参与过纽约市交易相关的讨论，也没在交易所工作过。你是什么时候突然想到"大家都在研究交易的基本面"的？给我讲讲吧。比方说，沃伦·巴菲特（Warren Buffet）看中的是价值，但你看中的是价格，把价格当成核心变量，从价格入手。

你以价格为变量进行买卖交易，思考投资多少合适。这是你不断试错、不受外界影响，自己思考出来的吗？

汤姆： 我会回看一些我早年做过的交易，比如我在共同基金销售员那儿买的共同基金，以及后来买的实实在在的股票。我简单研究了一下基本面，结果发现这些东西复杂难懂，还真是需要花很多时间才行。

我发现不管我做什么，总有人时间比我多，下属比我多。我在孟山都的时候和其他工程师一起吃午餐，他们就会问我："华

---

① 1977 年 RadioShack 推出的一款个人电脑。——编者注

尔街的那些公司全是从事交易的分析师，你怎么就觉得自己能比他们强呢？"于是我就开始思考这个问题，我尝试远观，从整体的角度看问题。就这样，后退一步，旁观这些交易员的操作，我发现不管他们做什么，都会以争斗告终。

我联想到滑铁卢战役的日子，拿破仑（Napoleon）和威灵顿（Wellington）在山上看着他们的军队行进山谷。然后，他们会看到前线的士兵要么向左，要么向右，哪边赢了就朝哪边走。我觉得这样的景象正适合描述市场的走势。市场上人员众多，不同的人在做不同的事。有的人买入，有的人卖出，都觉得自己做得对，都觉得自己很懂行，觉得自己的做法有逻辑。

股价最后值多少，就看买入卖出的人数一共有多少。就像滑铁卢战役里，哪边胜出，前线就在哪边一个道理。于是我就想："要是我能制作一个图表，知道市场参与者们想买入还是想卖出，那我只要旁观，就能看出哪方获胜。"也就是说，如果买多卖少，那我最好也跟着买入，因为买入者似乎胜算更大；要是卖多买少，那我就跟着卖出。这就是我的逻辑。时至今日，我依然用这样的思维方式做事。

迈克尔：我读到了数年前你给艾德·塞柯塔（Ed Seykota）写的邮件。有人在他的问答环节说："汤姆·巴索不太喜欢'热度'[①]。"你在邮件中就对此做出了评论。你能给新手们解释一

---

① 英文为"heat"一词，艾德·塞科塔用"heat"指代投资组合的整体风险。——译者注

下"热度"这个词吗？你在给塞柯塔的回复中说："我要澄清一下，我也不是不喜欢'热度'，我只是给客户提供他们能掌控的'热度'。"

汤姆：的确如此。我发现在我那个年代早期的时候，很多资金经理的一大问题，就是盲从艾德称之为"热度"的概念。我把它看作你打算为投资组合投注多少风险的意愿。我认为，风险的衡量方式多种多样。我用到的第一个衡量方式是风险损失占交易金额的比重。所以，用你当前的交易金额减去你的止损，就是你能承受的风险。这是以交易金额占比衡量风险的一种形式。

第二个就是波动性，即市场每天的涨跌幅度按你的交易金额占比来算是多少？第三个就是用欧元这类的偏门指标，或者以前那种高保证金、低波动性、偶尔出现大幅波动的工具。如果你的投资组合中这类投资过多，你承担的风险就相当大。市场的高明之处就在于它把保证金也算在内，所以保证金的交易金额占比也是风险的衡量指标。

这三种测算我都会做，然后我会选取合约数量最低的那个，该做多少做多少。所以我总是过分保守——合约数量最低，风险敞口最低。这样的方式不会让我吸引到每天都关注涨跌、过度关注市场的客户。客户不用隔一个小时给我打一次电话，问我："你看没看昨天的金价？"这对客户没什么好处，金价涨了他们就激动不已，跌了就垂头丧气。

我努力提升客户的心理素质，也确保自己心态平稳。我也不想太过激动。我猜这也是杰克称我为"宁静先生"的原因吧。我的交易日常还是挺无聊的。

迈克尔：你谈到要保证客户能掌控热度，但你对待自己的投资组合又有所不同。

人们听到你这么说就可能会想："真行，你帮客户用这一套方式，你自己的投资组合又用另一套方式。"能不能解释一下其中的区别呢？我猜测你本人还是更愿意多一些波动性，多担一些风险的？

汤姆：确实是这样。我完全清楚自己在做什么，也清楚风险在哪儿。我会对任何我觉得可能会发生的风险进行分析，一直分析，直到我感觉自己手头的东西还可以，不至于让我满盘皆输。

就以我母亲为例吧，她今年已经 83 岁高龄了，她名下的退休金和个人退休金账户只有不到 10 万美元。这方面的知识她真是一窍不通，她连银行里的存单都搞不清。所以你看，她基本就什么都不懂，她就属于另一个极端。我一跟她谈金融方面的东西，她就呆呆地望着我，完全不懂我在说什么。我努力让自己站在客户的角度，找到他们舒服的方式。作为资金经理，客户花钱雇你管理他的资金，所以你先要提出的问题便是："我的客户都是什么样的人？怎么做才能让他们觉得花钱雇我很值，并且还会长期雇我管理资金呢？"

过去很多商品交易顾问一年能赢利 50%，之后又会损失 20%；过一阵儿又能赢利 60%，然后又损失 27%。这样的人到处都是。他们的态度就是："我要以我自己认为最好的方式交易，从而长期挣最多的钱。客户先生，如果你想和我一起，随时欢迎。"

我的方式与他们不同。我说："我的工作就是个资金经理，所以我得把姿态放低。我得考虑客户想要什么，而不是我自己想要什么，因为他们或许不愿意做我想做的事。"

迈克尔：那我猜你肯定少了很多麻烦。我倒不是想批判那些愿意承担大风险、赚一半又赔四分之一的人，但我敢肯定他们的客户差评会更多些。

汤姆：哦，他们的资金总是进进出出。有时能赚到 1 亿美元，之后就降到 5000 万美元；然后又赚到 2.5 亿美元，之后又降到 1 亿美元。我有理由怀疑他们是雇人又裁人，运作的方式一定相当混乱。

迈克尔：我想再来谈谈心理学，特别是交易心理学，因为我感觉很多成功者都得益于此。不管你是个拼命的企业家还是交易员，如何度过每一天，这背后的心理很重要。

汤姆：这一点我认同，这是投资中最重要的一点。虽然风险控制、波动性控制以及资金管理方面几乎所有的问题都至关重要，但交易心理比它们更重要。大家都很重视对买入—卖出的决策模型进行模拟，但其实这个根本不用操心。交易心理远比它重要得多。

迈克尔：但大部分交易员都未能免俗。

汤姆：原因显而易见。我做过一些相关的研究，已经发表了，其他人做的一些研究要比我的深入和全面。其实就是我们选择好市场，做一个买卖随机数生成器，其后设定止损，用它好好做资金管理，然后就会得到正向投资回报。只要你资金管理得好，最终能以适度的风险收获少量的利润，那买卖决策模型又能有多重要呢？跟抛硬币随机决定买卖又有什么区别呢？

更重要的是心理。很多人都把 TrendStat 和汤姆当成是某种机器人公司，觉得我们并不思考，或者我们压根什么也不用做。可事实是，我才是公司老板。只要我想，我随时都能更改我们运行的交易程序。

要是我没有良好的心理，不懂自己在做什么，不知道自己会被哪种类型的市场行为惹恼，那就糟糕了。要是我能坚持到底，清楚哪种市场行为是正常的、哪种是异常的、哪种是需要我下功夫的，我就得了解我自己，就得了解我明面上、心理上要克服的因素。要是我什么也不了解，那我必输无疑。反正我用的是计算机，只要我想，我天天都能改。

心理是重中之重，它支配着每个人的行为。良好的心理会迫使人们放弃修正那些总体上运作良好的系统。就因为某个系统出现了一点点损失，交易员就开始做调整，如此要么会把事情弄得过分复杂，要么会过度简化问题。他们赚了一笔钱后便得意忘形，开始增加过多的资金管理项目，结果不堪重负。击败一个人的方式有很多种，只有了解自己，才能让自己立于不败之地。

迈克尔：你提到"了解自己"，那我就很想知道汤姆你会不会垂头丧气？你垂头丧气的时候又是什么样子？你的整个交易生涯都是平稳度过的吗？你有没有出现过情绪上的波动？

汤姆：我在这行干了四五年之后，就开始做白银交易。当时我在圣路易斯，我爸妈来看我。作为一位孝顺尽责的儿子，我就请了一周假，给他们当起了导游。我当时还在做化学工程师，又陪着父母，所以就没时间更新自己的内容储备。结果我就错过了一场白银交易的爆发，但我作为一位优秀且自律的交易员，我决定："爆发既已出现，现在参与为时已晚，算了。"

结果那是全年所有市场中利润最高的交易。眼睁睁错过这样的好机会让我非常沮丧，于是我意识到，得保证自己不要重蹈覆辙，因为我再也不想如此垂头丧气了。我跟自己讲："如果我要制定出一套策略，那我就得每天都使用它，日复一日地用，不要错过任何交易。"

自那以后的这些年，我没错过任何一笔交易，因为我把事情安排得井井有条。我会备好替代方案，确保一切正常运转。不管我有什么事，我都能做到这一点。比方说，我现在在和你聊天，但市场会如期开放，或者我要去度假，但一切都会按部就班进行。今年夏天我要去意大利待三周，在这期间，我会一直做交易，度假一点儿也不会影响到我。

迈克尔：我觉得，很多人要是处于这种情况，并不会转头和同事说："咱们让交易方案自动化吧。"他们应该会很沮丧。听起来你好像不会有不安的情绪，倒更像是在解决问题。

汤姆：我比较像要解决问题的工程师。就像在化学工厂，材料从一侧进入工厂，你去处理加工，成品再从另一侧出去。我觉得很多交易就像化学工程一样。信息从卫星、通信链路和网络线路以及其他各处涌入。然后你去加工处理，要么用眼用脑人工处理，要么让计算机用数据库和编程语言处理，就像我们在 TrendStat 所做的那样。最后，这些交易订单会被送往交易所、经纪人、期货经纪商及其他各处。

TrendStat 对我而言就是个小型化学工厂。每每回顾我早期的交易生涯，我就会这么觉得。当时我会收到很多信息，每天都得处理完毕。但我的时间不够，所以就得尽快、尽可能以自动化的方式完成任务。我发送交易订单，并且一直都在做这件事。

所以，我就是把它想象成是解决问题。但我得说，有一个白银交易的案例多少引起了我的情绪波动。那还是我交易生涯的最初几年，当时我的账户已经达到差不多 10 万美元，具体数额我记不清了。当时，亨特兄弟（Hunts）大量囤积白银，我也赶上了白银价格的疯涨。我只做白银交易，我还是个趋势跟踪者，所以我就坚持做白银，于是便积累了很多合约。我让利润充分增长，把亏损止于少额。之后白银出现涨停、跌停、一团糟，亨特兄弟囤积的白银也流入市场。于是，白银价格崩溃，我也达到了止损点。我倒没什么事，但我眼见着自己的账户在短短一个月到一个半月的时间里从 10 万美元飙升至 50 万美元。

然后，我又眼见着它在接下来的两周内骤降至 25 万美元。最后，我也记不太清了，我在那次交易中赚了 15 万美元吧，这差不多相当于投资组合 150% 的回报率了。那时候我还不像现在懂这么多。但我可以明确跟你讲，那次经历过后，我每天都会看银价，其他的投资组合我基本都不关心了，银价成了我的情感寄托。银价涨、跌、崩盘时，我就对自己说"等等……"

迈克尔：你发现自己有了这种情感寄托。

汤姆：对，我发现自己有了这种情感寄托。我总喜欢在每天结束的时候坐下来静静反思自己这一天过得如何。拥有一个不偏不倚的观察者对自我的成长非常有用。这听起来像人格分裂一样，但我的本意可不是让大家觉得我是疯子。人要善于自省，不要轻易评判是非，要静下来问问自己"今天过得怎么样？一切都稳稳当当吗？今天该做的事都做了吗？有对谁发火吗？有没有兴奋过头导致错过了什么？有没有感情用事？"，给一天做个总结。

每每回看白银交易，我都觉得自己做一名优秀的趋势跟踪者，及时止损、让利润增长、让亏损少额，都做对了。但倘若我能控制头寸的规模，就没理由出现情绪的起落、崩溃。这也促成了我的第一个风控方案，也就是说，就白银而言，止损越宽，我的风险就越大。我用不着设置 5 笔，甚至 10 笔头寸，或许 6 笔头寸就够了，或许 4 笔就够了，或许只要一份合约就够了。

海湾战争爆发的时候，原油价格从 32 美元一桶一夜升至 40 美元一桶然后回落，紧接着第二天开盘又跌到 22 美元一桶左右，我记得好像有一两个客户最后只持有一份原油合约。那次价格波动太疯狂了，完全剔除了每个人投资组合中的所有头寸，因为哪怕是只有一份合约，都没有谁有足够的资本承担。

迈克尔：你打高尔夫吗？

汤姆：我其实刚打完回来。

迈克尔：我倒不是高尔夫的狂热粉丝，但我也会追比赛，也看了（2012 年的）美国大师赛决赛。我有些家人来自南部，我们都很喜欢看美国南部的著名高尔夫球员巴巴·沃森（Bubba Watson）打比赛。只凭那一记球，他使出决胜的一击，几乎押上了全部筹码，赢得了大师赛。从他的身上我倒没有什么收获，毕竟一些传奇的体坛壮举往往是一击决胜，而后运动员便跻身名人堂之列。但我们在此谈的是你的成功之旅。汤姆你专注于过程，专注于经过、历程、旅途，你并没有一门心思考虑结果，你注重的是过程。你在用心打磨这个过程。

我发现巴巴的击球和金融危机期间的交易存在相似之处。我想起了像约翰·保尔森（John Paulson）和迈克尔·巴瑞（Michael Burry）等几位在房地产危机时期表现非常出色的交易员。他们聪明绝顶，做成了数笔相当成功的交易。你能否给我们解释一下，押上全部筹码这种想法究竟是否合适？能否讲一讲在金钱的世界中，一击决胜和打磨过程之间有什么区别？给我们讲讲二者的优缺点。

汤姆：我想，很多人都曾表明，巴菲特就属于前者，因为他的大部分赢利都来自他职业生涯中最成功的几单。但这一路上他也经历过很多失败，只不过这些都被人忽视了。在很多趋势跟踪的案例中，我们都能看出，赢家必然要比输家付出更多的代价，不过这也没关系。他就是这一方面的典型。

但世上还有如 TrendStat 般潜心打磨交易流程、努力让客户开心顺意、不做任何华而不实的事情的公司。我认为我当年的业内形象可以用"无趣"二字来形容，而且我觉得当时的很多人可能也不会有过分激动的情绪。

迈克尔：但你从来都没觉得交易"无趣"，对吧？

汤姆：我从没觉得。我当时觉得自己的公司很棒，我们有着良好的客户群，员工也很优秀。我很享受经营企业的过程，现在我不用经营企业了，我便享受退休生活。可能不论我做什么，我都能乐在其中。但我觉得这里我们该吸取的经验是：如果你想一击必胜，这没问题，但也千万不要认为沃森没有打磨过程。

他喜欢击球。就在几周前，他来我的俱乐部打高尔夫，在后方发球区一共击中 67 记球，很轻松的样子。转天他又去了埃斯坦西亚的一个难度系数颇高的沙漠球场击了 56 记球。他很喜欢击球，就算他是个左撇子，击球对他来说也不在话下。他可以先在头脑中想象，然后击球，压低弹道，然后控制球左旋或右旋，大多数人穷尽毕生技艺都不见得赶得上他的旋球技法。但这就是他平常打球的方式。大师赛的那记球也没超出他的舒适区。这就是他打磨过程的体现。

迈克尔：去年夏天我采访过保罗·穆瓦尼（Paul Mulvaney）。保罗有他的趋势跟踪系统。2008 年的那个秋天，他是无论如何也没想到自己 10 月份一个月就赚了 40%。不过他也在打磨自己的过程，我想这正是你想表达的观点，对吧？

汤姆：是的。1997 年金融危机的时候也是如此。当时日元跌到 80 左右，然后又涨了回来。我忘了它是从 150 跌下来的，还是后来又涨回到 140 左右了。总之那段时间涨跌幅度非常大。我的交易每个月都在推进，持续不断地推进。同样的交易我做了一年半的时间。人们都以为交易就是"今日买入，下周卖出"，但那段时间的货币交易持续了整整一年半的时间。

但我那次赚了很多钱，也让客户赚了很多钱。再加上之后的奖金，还有其他的种种收入，那一年的收入可谓是创下了历史新高。我根本不知道怎么就赚了那么多钱。

我算得上是个业余经济学家，我对经济学懂得不少，如果你看我的脸书（Facebook）[①]博文就能发现我对很多事情的态度。

迈克尔：你很有自己的想法呀，汤姆。

汤姆：是呀，我的确有自己的想法。我在哲学上算是个自由意志主义者，但我喜欢从参与决策的人的行为角度来审视经济学。如果从这一角度研究决策制定，往往就能弄清楚经济学的走向。

迈克尔：我现在手头有一篇汤姆·巴索几年前写的文章，题为《何时雇佣 CTA——打折的时候》（When to allocate CTA—buy them on sale）。令人惊讶的是，不论是经营自己的账户，还是交易基金的交易员，时至今日，我和他们无论交流多少次，都会发现他们有这样的心态。我有个经营小型基金的朋友，他真的会研究一些趋势跟踪者们的系统指数，把它当成额外的指导，而不是他的系统的一部分。但他觉得，当他的基金要调整头寸的时候，这些指数有时真的有很强的相关性。

汤姆：趋势跟踪是由不对称的回报驱动的，就像我刚刚提到

---

① 脸书，现已改名元宇宙（Meta）。——编者注

的日元交易这种长期大笔交易。举个例子，有时我把 TrendStat 全年的交易加总，就会发现其中两三笔交易就能抵付全年的利润了。你要是单把这几笔拎出来，就会说："行，我就做这三笔交易好了。"这一年分文没赚和大赚一笔的区别就在这儿。其他的交易净值算下来甚至就归零了，有几年真就是差不多归零了。

倘若你假设市场会在某个阶段出现横盘，即在这种市场环境下，由于没有趋势可循，趋势跟踪者们就没法赢利。你选取的横盘时间范围，一般不会出现时间足够长的趋势，没法让那种"一天看一次盘"的人真正捕捉到什么信息。

另外，也会有像 1997 年日元疯涨的情况，没准未来哪天美元也会有大幅下跌的情况。这些交易足以弥补横盘期间的所有损失。倘若你又想，横盘期总会结束的，赢利期总会终结的，那就去研究一下做过大量市场交易的趋势跟踪者。要是一个交易员赚了相当多的钱，不断扩大自己的资本，一发而不可收，那就会出现很多干扰的声音，进而出现回撤，大量趋势市场会出现赢利期，你的资产被再平衡。也许你从那儿撤了部分资金，转而分散给相对保守一些的交易员，这样等到下一个静态横盘期来临时，其他人都可能亏损的时候，你就有可能守住这些利润。

反之亦然，若是交易员使你的资产大幅回撤（除非他哪里有变化或是你完全失去了对他的信任），那你就把资产平衡到回撤最大的交易员手上，因为在下一阶段市场就能回转，又会进入到一个有利可图的时期。

但行业内的做法似乎恰恰相反。我曾写过一份题为《业绩差距》（Performance Gap）的白皮书，讲的是 CTA 的回报和客户回报之间的区别。事实证明，对于每位在 MA 数据库 [MA database，如今的巴克莱数据库（Barclays database）] 有 5 年交易记录且交易额超 7500 万美元的人，CTA 通过交易实际提供的时间加权回报要高于客户实际获得的美元加权回报。客户追捧热门的业绩记录，在股价低位时减持，凡此种种屡见不鲜。

这让人无奈又心酸。看着客户们在做着有损于自己的事，我非常难过，他们在阻碍自己获得优质的回报。对此我也发表过文章，但似乎没起什么作用。

迈克尔：从心理上讲，你觉得投资者为什么不在市场下跌时投资？

汤姆：我觉得从心理上讲，是因为他们并不真的懂交易。他们不会调整自己的心理状态，也没意识到心理状态有多重要。结果就是他们一旦看到交易下跌，就开始推测交易图上的那条虚线要向下走，然后就开始计算多少个月后下跌态势才会消失或者交易才会上涨。

同样，我觉得面对交易上行时，他们的心理活动是这样的："这只股过去五年的记录相当优越，持续上涨，从不下跌，所以我们可以把它对应的虚线一路画到表格最顶端。"那要买哪只股呢？我觉得，他会选交易虚线一路画到表格顶端的，而不会选会赔光所有资本的。但他们没有后退一步深思，没有意识到自己落入了陷阱。

客户也不理解为什么趋势跟踪者们从长期来看会赢利。我想你肯定收到过无数的批评，见证过无数的骗局。我看过脸书上的一些评论，的确，坐在那儿绘制市场月度波动图很容易，我也做过。在 TrendStat，我们针对无数不同的市场绘制过波动图，但按照趋势跟踪的策略，赢利的月份是波动性最大的月份，而系统亏损的月份基本上是波动性小的月份。

所以，投资者会在波动性大的时候赢利，波动性小、走势趋缓的时候亏损。这很简单，就像你去看全年的月度回报以及不同交易市场的月度指数一样。你基本能预测出二月份 CTA 的平均收益是多少，因为当时发生了某种情况——可能因为什么事情，这个月就是亏损的；也可能因为什么事情，这个月就是赢利的。如果是赢利的，赢利得多还是少，也能判断出来。如果你有数据，并了解趋势跟踪收益的来源，你其实就能推断出来。

但很多这些高大上的人物，别看他们有各种博士学位，有自己的计算机和员工，他们似乎根本弄不明白这一点。所以，在他们深陷回撤之时，我就给 TrendStat 购入了自己的程序。与此同时，我的客户打电话给我要求撤资，等我再创新高时，人们又把钱投到我的对冲基金里。在我的事业攀上新高峰时，我会拿出一部分资金，要么分给其他的经理，要么用它做些别的事。这些资金我会另作他用，我甚至会从自己的投资组合里拿出一些。

我发现自己在做的事与客户一直在做的事完全相反。我也努力劝说他们按我的建议行事，但他们就是不听。

迈克尔：有的人就是冥顽不灵。

汤姆：这就是为什么我打算结束交易生涯转去打高尔夫、垂钓、烹饪、跳舞和唱歌。

迈克尔：唱歌？你要给我们唱一下吗？我几年前和塞柯塔同台，他还弹过班卓琴。你今天要给大家唱点什么？

汤姆：哦，我可以唱。

迈克尔：唱什么呢？

汤姆：额，我比较喜欢这首：（他唱道）"带我飞向月球……让我在群星之间戏耍。"

迈克尔：真不错啊。汤姆首次公开亮嗓，就在我的播客上！

我们回到交易和市场的话题。有的时候，我和一些曾与你地位相当的人交流，他们也曾长期经营基金，也和你一样拥有良好的业绩，但他们说的内容出乎很多局外人的意料。

我曾在伦敦和大卫·哈丁（David Harding）聊过几次，结果他就提到在交易市场要像蟑螂麦当娜（Madonna）一样生存。我也和塞勒姆·亚伯拉罕（Salem Abraham）聊过如何避免"流星撞地球"的话题。很显然，他们探讨的是如何生存。很现实，但的确如此——你首先得在这个环境之中生存下去，才能有成功的机会。

汤姆：确实如此。你现在之所以能和我交谈，原因之一就是我控制好了自己的风险和波动性，顺利躲过了塞勒姆提及的"流星撞地球"，做到了大卫说的像蟑螂一样生存。他们这些比喻都很有意思。我是这样想的："我得先打好今天这一局，才能开启明天那一局。"

要是我明天就出局了，那对谁都没好处。你得能一直坚持打下去。这就跟在赌场一样，你得把筹码握在自己手中，而我觉得在这一点上，趋势跟踪就做得很好。如果你用了非常优秀的资金管理模型，那趋势跟踪就能精益求精。所以，你要管控风险、波动性、保证金以及你选择交易的市场类型，这才能让诸多工作富有成效。

而且我觉得，一旦你找到了得心应手的工作内容，你又深谙其运作的机制——我的意思是你了如指掌，明确知晓哪种市场会让你赚得盆满钵满、哪种市场会让你血流成河，那么从长远来看，那些数据终会对你大有裨益。你就始终都能回到局中，第二天继续开局。你就会是幸存者，就会像我一样，成为行业内28年，甚至30年屹立不倒的行家里手。你要在这个圈子里待足够久的时间，才能让人们真正听说你的大名，因为届时，你已经出席了不胜枚举的MFA会议或是MRA会议，结识了众多业内人士，接受了诸多采访，还被《华尔街日报》（*The Wall Street Journal*）引述。这仅仅是因为你在这个行业幸存了下来，不一定是因为你本人有多么光鲜华丽。

迈克尔：我经常会看到这样的情况，就是总有人真心觉得自己每个月都能赢利。结果出于种种原因，他们就真的每个月都能赚上一笔。我敢肯定绝对有人是这样的，也许是因为他们的服务器恰好能合上交易服务器，或是其他什么原因，导致他们以光速交易，这个我真的搞不懂。

要是交易记录显示我每个月都能赚1%到2%，从没有下跌的记录，那我就得和自己讲："我要么是找了家长期资本管理公司（这个策略早晚得出问题），要么就是把伯纳德·麦道夫（Bernard Madoff）招致麾下了。"

汤姆：对，我无比认同。还有另一种解释，长板资产管理公司（Long board capital Management）的联合创始人埃里克·克里坦登（Eric Crittenden）会说："你可能是有个做空波动率经理。"做空波动率就有点像出售裸期权。裸期权出售的时间够久，多数情况下，期权价值就会随时间消失殆尽，你就会赚到这笔资金。

所以你这个月、下个月、下下个月都能赢利，然后你就有了长期资本，其间有人动用了大量的杠杆，致使做空波动率随市场的巨大波动而损失惨重。最终，波动率崩盘，对方靠波动率的崩盘获取了利润，而你却满盘皆输。那些杠杆，一切的一切……三年的月度赢利全都付诸东流。崩盘后，一切消失殆尽。

所以，是的，我对那些自称是趋势跟踪者且逐月获利的记录持怀疑态度。我要向他们脱帽致敬。你必须要真的弄懂这个谜题，因为它的确很难被破解。

迈克尔：我们再次有请汤姆教授出场。假设我今年18岁，懂的东西着实不多，所以我希望你从头开始。你会如何为我讲解呢？你在第一节课都会说些什么？你如何让人们最终能了解你的基础、背景和学识？他们在第一周需要知道些什么？有什么基础知识是你真正想要人们知道的？

汤姆：在你还不能处理简单事项的时候，比如你还不知道移动平均的作用、趋势跟踪模型是什么、如何控制风险或波动时，你要先真正了解怎样进行股票交易。就拿我母亲来说，她是位

83 岁高龄的退休人员，甚至都不知道股票经纪人是什么。她不会雇这样一个人。她甚至无法清楚地表达指令。所以，让她做第一笔基本的交易难如登天。

你得传授人们基本的市场知识，告诉人们如何进行交易，要让人了解市场是买卖双方相聚的地方，要让人了解到底该看期货市场及其最小变动价位，还是货币市场及其点值，诸如此类。一旦你教会了人们个中的差别，你就可以在第一天上课的时候继续讲解交易成功的三大支柱了。你要理解你要做的是什么。

我的意思是，每个人都要就市场为何如此运作得出一定的结论。可能有的人会觉得是经济学在驱动市场走向，因为他们是经济学专业的，这是他们做出决策的基础。如果你得出这般结论，你就得围绕你的舒适区建立风险、波动和投资组合的选择，然后制定一个买卖决策模型。一旦你集齐了这三样，哪怕你不是经济学家，也有机会成功。

我可能对此不太感兴趣，但我相信要是有经济学家能把这三样都做到位，那他们就能顺风顺水。我还是会这么讲解，我会把这三样教给学生。你要了解自己想做什么，以及从你的角度看是什么驱动着市场的运作。这才是驱动个人进行交易的原因，因为到底是坚持某个系统还是放弃该系统，抑或是调整市场策略，不管如何，做决策的人是你。你要是觉得不妥当，交易就无法成行。但你还必须要对你交易的市场有所掌控。有的市场对你而言是有意义的，有的则不是。你还要建立决策模型，它可以是体现在图表上的突破交易法，也可以是移动平均线。你得有触发你行为的东西，所以我想，若你能把那三样集齐、做好，你就至少有机会进到局中。

迈克尔：有人想知道你最近都在思考些什么，除了好玩的——唱歌、打高尔夫、跳舞。我知道你的大脑还在高速运转。你还有什么宏图高见？

汤姆：我就说说我思考得最多的事情吧。我注意到我们二人的一些共同好友发的一些脸书博文，有很多人都身处交易界。我曾在 80 个大宗商品市场、30 个货币市场做过交易，也做过各种交易所交易基金（ETF）和共同基金的交易，股票交易、期权交易我也做过，我甚至还做过国债交易。我看到我们又增加了 5 万亿美元的国债。所有量化宽松的政策都在让我们的美元贬值。

我每天还会思考，自己该如何在退休后不至于囊中羞涩，怎样保护并增加我的资产。几乎所有能交易的东西我都交易过。对像我母亲这种连银行存单都搞不明白的人，我深感难过，因为就连我自己都很难给她讲清楚。趋势跟踪者绝对会正中要害一举夺魁，但当他们成为赢家时，就会环顾四周，说道："是的，但……"

迈克尔：阅尽千帆方始知。

汤姆：对。我就坐在那儿思考："好，假设，你是一位成功的交易员，是那 1% 的精英。你在思考自己应该做什么——要确定投资组合，这样你或你的客户才能长期保有购买力。你要增加净财富以便让自己的净值在美元贬值的时代维持不变，虽然做到这些很难。"

迈克尔：你曾见证了许多不同的局势、不同的市场、不同的社会经济政治格局。你是否在表达自己对 2012 年及未来的感想，而这与你此前的人生感悟大不相同？

汤姆：我觉得我们在为一些巨大的举措做准备，而这正是趋势跟踪者们会喜欢的。

我不是在做预测。我只是有一种感觉，我们在不断给美国的金融结构施压，以至于现在国债已超国内生产总值（GDP）的 100%，差不多到 108% 了。这个走向很不寻常——黑云压城城欲摧的感觉。换句话讲，如果你研究美国，乃至世界其他地方的经济数据，你会发现我们正迈入前所未有的水平。真到了那一步，我们的市场就可能会出现崩盘、泡沫破裂的情况，很可能会出现非常高的波动性。

我无法预测任何事情的走向。我希望趋势跟踪者能利用好这些重大的举措。不过，在利用的同时，我也担心一切归于平静之际，人们的资产价值究竟有多少。它虽然会比我们现有的净值高，但可能用它买东西不如现在值钱了。

从退休的情况来看，我爷爷活到了 98 岁，而我今年才 59。我身体很好，又热爱生活，但如果我也能像我爷爷一样活到 98，那我还有 39 年的时间呢。这比我从业的时间还长。一想到得用"十年"为单位来衡量剩余的人生，我就觉得很有意思，得好好打算一番。我得管理我的投资组合，思考如何让我的净值至少维持原有的水平，这样我才能继续享受美好的退休生活。

这是我最近想得越来越多的事情，我觉得还挺难的。这件事情涉及整个国家，而不只是由我个人掌握。我没法控制周遭发生的事情。我走遍了世界各地。我也想过："我搬去澳大利亚会怎么样？还是去瑞士？去英国？"这些国家我都去过，各有各的好，都是值得参观的好去处，但我称之为家的地方只有美国，我喜欢亚利桑那州的凤凰城。我觉得这里很适合居住，我一点儿也不想搬家。不过，鉴于我已经下定决心在此生活，身处亚利桑那州的我，就得应付数十万页的税法，处理我的税务；就得面对各种各样不同的经济政策，哪怕那些政策让我揪着头发说："我的天哪，你开玩笑的吧？这也太蠢了。"

　　但若是我们继续出台这些愚蠢的政策，我就会觉得自己仿佛身处于混乱的闹剧之中，和其他人一样努力维持生计，只不过我可能对自己能做的事懂得更多一些。但此时此刻，我很难对某个人讲出简单明了的答案，说："我觉得我们应该做以下1、2、3、4、5这几点，这样或许就能高枕无忧。"我认为，我们做的事不是出门去买点金币那么简单，你天天都能在电视上看到出售金币的广告。我觉得金子还好，有涨有跌。人们想买点什么的时候，可能就接受你的金币了，但也有不接受的可能。

　　未知的东西太多了。我会想起20世纪七八十年代，当时的经济有点横盘走势，增长势头并不强劲。里根经济政策出台后，情况好转了一阵儿；到克林顿执政时期，经济也还好；布什执政时期，也不错。但我们的经济体系太过紧张，以致我很想知道接下来是否会有真正重大的举措。所以，我在此鼓励每一个人都成为趋势跟踪者，至于怎么实现，那就祝大家好运了。

迈克尔：我想问问你有关企业家精神的问题。做一名企业家感觉如何？你觉得这有没有让你的思想、感悟发生转变？

汤姆：一直都在转变。现在可能转变没那么大了，不过我在观察非企业家的时候，我的思想转变还是很大的。范·K.撒普（Van K. Tharp）有几档交易员心理学方面的节目，我跟他聊过一阵子。在这个过程中，我就做出了决定，对我而言，面对人生、应对周遭世界最简单的方式，就是亲自为我人生中发生的所有事情负起责任，哪怕事情是由别人引起的。弄清楚我该如何做出良好的判断，让我能富有责任心。

如果你对一切负起责任，你就能产生如下的思考：你能对事态有所掌控，能改变决策、改变道路、做不同寻常的事情，让你的人生走得更远。就像我，本来是化学工程师，等退休的时候已经是货币交易员了。一听到这，大家都会立马问我："你是怎么做到的？"

其实就是一天一天做到的。我在孟山都当化学工程师的时候，行业繁荣期与萧条期每四年为一轮。当时的化学工程师四年后就会被解雇。我也是想有条后路，所以就为自己的投资组合做交易，积累自己净资产，留个后手。哪怕我在行业不景气的时候被辞退了，我也能掌控自己的命运，生活个一两年不成问题。在此期间，我也能寻找下一份化学工程师的工作。

这样一来二去，很快我就交易了大笔的资金，人们注意到我，也想让我管理他们的部分资金。于是我就进入了资金管理的行当中，但我仍旧要为自己做出的决定负责："好，我再也不想当化学工程师了，我要当资金经理。"如果你能对人生中的每件事负起责任，那么一切就会在你的掌控之中。我觉得这是企业家愿意做的事，他们往往喜欢掌控全局，清楚自己将会美梦成真。他们不会坐等天上掉馅饼。

迈克尔：我父亲总是喜欢说，整天对着个烦人精说"好的，先生"这种工作，他就是不想做。

汤姆：即便是资金管理业务，我们也有这样的客户。我的意思是，我们总得对接某个人。我们在从事货币交易业务时会被审计，美国国税局（IRS）的人就会来监督我们，总会有那样一个人……

迈克尔：你得跟他说"好的，先生"。否则可就麻烦了。

汤姆：就是因为这种原因，他们还会多待一周，让你的生活苦不堪言。

与"宁静先生"的问答

第 83 期　2012 年 11 月 28 日

迈克尔：汤姆，我想以一个简短的问题开场。我知道你看了我在网站上发布的哲学家阿伦·瓦兹（Alan Watts）的视频。他提出这样一个问题："如果不考虑钱的问题，你会做什么？你要如何达成所愿？你要怎样开启人生？"你对此如何作答？

汤姆：我曾在 20 多岁的时候，突然想到了这个问题的答案。有人会问我："你要是有更多的钱，会拿它做些什么？"然后我就做出回答。接着他们又问："好，那如果你已经实现了呢？你还想做些什么？"然后我就会继续回答。这个问题可以一直问下去："好，假设这个东西你已经有了，你还想要什么？"

归根结底，答案就是幸福。无论你的命运如何，你都可以做出选择。这世上有多少穷困潦倒的人依然笑对每一天，乐在其中？又有多少腰缠万贯的人活得苦不堪言？幸福是每个人都能做出的选择。

我觉得金钱能带来很大的灵活度。它能让你摄入更优质的营养物质，或者获得更好的锻炼，从而保持健康的体魄。这些都是小事。但归根结底，幸福是最重要的。

迈克尔：我觉得先让你回答这个问题很重要，然后我们再进行接下来的问答。我想让大家在一开始就看到重点内容。

汤姆：你想做一名优秀的趋势跟踪者，而后成了趋势跟踪领域的行家里手。于是，二三十年过去了，你做得非常出色，管理着自己的资金，但你的生活依然糟糕透顶。你拿出些资金购置房地产的同时，把生活搞得一团乱麻。你第 5 次离婚，让本就不如意的生活再添新伤。各种各样无关紧要的事情搅得你难以收获幸福。

单纯做一个优秀的趋势跟踪者并不会让你有多幸福。你在成为趋势跟踪者之前就可以选择过幸福的人生。你也可以在成为成功的趋势跟踪者后选择走上幸福的道路。

迈克尔：既然这个问题已经解释清楚了，我们来看看其他的一些问题。

第一个问题来自丹·蒙塔格（Dan Montag），他问道："汤姆，你作为'宁静先生'，是如何在亏损期控制自己的情绪的？自《新金融怪杰》（*The New Market Wizard*）出版以来，你有哪些变化呢？"

汤姆：这个问题很好！丹是个聪明人。我脑中有这样一个概念，我称之为"定在风中"。当我顺风顺水，资金持续入账、数额之大让我自己都难以置信之时，我就会强迫自己的大脑回想我为大宗商品账户维持不赚不赔的那四年的艰辛，或是回想自己最近的一次亏损以及自己在亏损时的感受。我努力让自己兴奋的精神状态变回常态。

针对丹的提问，反之亦然。在亏损期，我会回忆起自己赚得盆满钵满的时候。我会平衡自己的失落与焦躁，平衡我在亏损期感受到的任何负面情绪。你在试图回忆起那些交易上涨、赚得盆满钵满的时候，就能把自己失落的精神状态恢复到常态。

我的目标就是每天都保持平常心，每天都以同样心态结束一天的生活。这不过就是一生数千天漫长交易生涯中的一组数据而已，所有这些不过就是数据点罢了。你后退一步远观时，就会收获内心的平静。它能让你胜不骄、败不馁，让你能理性地思考。

迈克尔：下一个问题："你在脸书上的大部分博文都以'享受这段旅程'结束。是什么让你得出这一结论？你的人生中是否有过难以享受旅程的经历呢？"

汤姆：我经常用"享受这段旅程"来提醒所有的交易员：交易没有终点，而我们也终将逝去。百年之后，我们都不再是趋势跟踪者。我觉得，你要享受每一天，看到周遭发生的神奇与美好，开放迎接新的想法，接纳对世事的洞见和观察，这才是关键。

把自己弄得心力交瘁，就为了到达某个终点，结果发现目的地与你想象的不太一样，或者发现目标让你黯然神伤，这才是浪费时间。你肯定不想到达终点后说："额，就这？"享受旅程对我来说意味着一切。每天伊始，我都抱着"迫不及待迎战今日"的心态。今早我以一种新的方式，打了2个多小时的高尔夫。

我单纯是在享受斯科茨代尔的美妙清晨，我是唯一一个来球场的人。那里非常宁静，景致很美。这就是享受这段旅程的意义，而不仅仅是绞尽脑汁做交易。

迈尔克：我们今天开始之前，我和一位瑜伽老师上课，大概持续了一个半到两个小时之久。课程最后，我仰面躺着、闭上双眼，她读了一段话，几乎和你刚才讲的一字不差——活在当下，享受旅程，一切的一切都会在某个时间点终结，所以不用活在未来，也不要耽于过去，当下即是全部。

汤姆：的确如此。

迈克尔："你的人生中是否有过难以享受旅程的特别经历呢？"

汤姆：有。那还是在我了解自己之前，在20多岁当化学工程师的时候。当时我还在攻读MBA，在学习设计4年后，我想在圣路易斯西南部的丛林里建一栋定制住宅。我在创立肯尼迪资本（一家位于圣路易斯的股票管理投资咨询公司）的同时还在交易大宗商品。当时我基本就是清早起床，埋头苦干一整天，然后筋疲力尽睡去，第二天再如往日般重新来过。

周末我不做孟山都的工程师时，就会潜心钻研自己的商品账户，努力精进我在股票交易上的技能。

到了当下的人生阶段，我进入花甲之年，从精力的角度来说，我觉得自己的生活节奏要好很多。我确实会做很多事情，有的时候也会匆匆忙忙，但我总能在一天内留出点时间，对自己说："好，是时候放松一下，做点有趣的事了。"我始终在尽我所能，把享受旅程融入日常生活的每一天。

迈克尔：拉里问"能问问汤姆头寸获利时是如何退出的吗？很多交易员都知道要为亏损设置止损，但很难把握在赢利时的退出"。

汤姆：好的。我认识拉里，他本人也是位出色的交易员。我听过他的播客，也很喜欢。针对拉里的提问，我的回答很简单。我觉得赢利的交易和亏损的交易之间没有太大的区别。我的想法是这样：如果今日趋势看涨，我想做多，想在那笔头寸后设一个卖出止损。只要上涨的趋势持续下去，那我就要么保持原有的止损点，要么将其向上移动。换句话说，我把它上移到头寸的后面。

当趋势改变、开始下降时，终会触及止损点，下跌走势已成定局，我就不想再持有那笔头寸了。我会简化操作。我不会去猜想，不会说："好，那我赚了20%，我应该换种方式让自己获利更多或怎样。"我只会让它继续滚动。

我印象中，有人曾向艾德·塞柯塔提出过一个著名的问题，好像是在我30多岁的时候，当时我在听他的演讲。有人就问："艾德，你是怀着什么样的目的做一笔交易呢？"艾德看着他，回答道："一举登天吧。我做交易的时候，我就希望它能长期赢利下去。我要往后余生都长期获利，这样我就再也不用做另一笔交易了。"我想说，这个回答的确不错。我们没理由觉得这无法实现。但现实证明，我的身上从未发生过这种事，不过我会让交易持续向前滚动。

迈克尔：如果不能向前滚动，就制订后备方案。

汤姆：如果无法向前滚动，走势就会改变，触及止损，形成亏损；如果正常向前滚动，然后走势不稳、转变方向，则会触及止盈，从而获利。但在我看来，这是一模一样的交易。我没想区分二者。我知道有的人会作区分，我也觉得把它当成研究项目看待未尝不可，但从心理上讲，这对我毫无意义。如果走势看跌，我就不想参与其中。我也不在乎会赢利还是会亏损，我就是单纯不想参与其中了。

迈克尔：克林特·史蒂文斯（Clint Stevens）和史蒂夫·伯恩斯（Steve Burns）都有一个关于对冲的问题。他们想听听你对于自身优势和交易方法的看法，即你为何使用对冲来减少下跌趋势中的损失，而非退出多头头寸。

汤姆：是需要费点心力的，但很简单。随便你用什么策略，纯技术性的也好，部分基本面策略也好，我喜欢依照一些基本面筛选股票和ETF。比方说，如果我在找高股息率，那么它就可以作为筛选头寸的一个因素。当然，我们也有其他的估值指标，比如市盈率等。我宁愿买便宜一些的，也不买贵得离谱的。

话虽如此，假设我相当聪明，组合了一个多元化的多头投资组合，我们假设这个投资组合诞生于去年九月——纯属假设，碰巧在你打电话之前，我关闭了我的股票，我的股票投资组合虽然在过去数月间经历了相当多的对冲，但依然与九月中旬保持完全一致——既没上涨，也没下跌一分一毫。

我会在每次出现下跌趋势时设置对冲，每次出现上涨趋势时取消对冲。我曾设置过很多优质的头寸。随着时间的推移，我也越来越接近长期资本获利。我可以将其用于慈善捐款，或者获得一个更好的税率。

与此同时，在我的对冲交易中，我做空了流动性极强的 SPY ETF。我可以随时做空，也可以随时抛售，有的时候能达到一秒交易 30 次。其实我就是在用 SPY 缓冲投资组合。如果你做得够好，你的多头头寸就有能力成为长期资本收益，彰显出自己的实力。你选中它们是为了顺利经受市场的每次起伏，让它们彰显出对你的价值。

这就是优势所在。你利用短期的对冲实现了长期的税收优惠。

迈克尔：布兰登·布罗克曼（Brandon Brockman）提问。他说："汤姆，在策略开发和测试的环节，哪些度量标准让你对自己的系统信心满满？你在把开发出的系统从测试阶段转用于实时交易时，遵循了哪些流程？"

汤姆：这个问题很棒，但三言两语可解释不清。我需要回顾一下，走一遍流程。在 TrendStat，我们提出某个概念后，会做很多不同的事情来测试它能否增值。

我们有一个清理过的数据库，我们会仔细检查它且会煞费苦心地确保其没有出现异常，比方说，收盘价或开盘价超出高低范围。我们过去总能在数据库中找到这类明显的问题，但实际根本无法发生。开盘价、收盘价都要在高低范围内，否则就出问题了。

清理过数据后，我们就会检查概念，然后对实际指标进行编程，指标会显示在何处买入、卖出，照指标的指示进行就好。然后，我们就会得到一些度量标准。我们主要看的是最大回撤、平均回撤、回升时间，也会重点研究风险回报率。我们会用收益回撤比来衡量风险，也会衡量收益的收益波动率。这些都是要做的。

这一切都很有意思。但我想说，其实在现实中，最让我能得心应手地处理任何新指标的方式就是走进办公室，嘱咐我的秘书丽萨（Lisa）说："我要闭关，要去探究这份研究结果，除非有急事，否则别叫我。"我会拿着尺子，从第一页开始，把尺子放上面量，我会查看当天的市场情况，读取当天策略运作的结果。我会问自己这个问题："鉴于当天的市场情况，该策略当天的运作表现是否如你所期？"理解到这个层面是非常重要的，因为如果近两周，或一个月、半年、一年表现不佳，那么，趋势跟踪者们（或是运用该策略的任何交易员），最终会根据这个问题的答案决定是否放弃系统、摆脱策略。

有这样一个问题："你的策略行不通时你会怎么做？"假如你观察过去几个月的市场数据，然后说"根据该策略以及我设置策略的方式，我早已预见到自己的策略会在过去几个月内举步维艰"，那就没事。只要没崩盘，就先别急着修复，就让它运转，等待好时机。或许就在未来的某处，好时机就会降临。

我觉得很多人看待回撤的态度是这样的：这个策略再也不管用了。没有一条策略能让我们只赚不赔，哪怕我们把所有策略一起用上，也没有稳赚不赔的时候，总会有亏损的情况。所以我在面对回撤时，会说："天哪，要是市场横盘起伏不定，我倒是能预见到自己的趋势跟踪模型会在横盘市场溃不成军。我们静待下一个趋势行情，届时便会渐入佳境。"

我也是经过日复一日的努力，才认清了这个事实。我会在面前摆上六大张计算机打印纸，然后拿着尺子一页一页地量，研究每天的数据。这会花上几个小时的时间。但等我认清之后，我就会想："我懂了，这个策略是有用的。我确切知道了它对多种不同的情况会作何反应，而且指标看起来不错。我们就按这条路走，去做实实在在的交易。"

迈克尔：吉姆·拜尔斯（Jim Byers）又问了个问题，他问："可以谈谈你从你早期的大幅回撤中吸取了什么教训吗？"

汤姆：可以。我对这个记忆犹新。那是一场白银交易。我记得在《金融怪杰》的采访中有记录过。我当时正欢欣鼓舞地踏上我的交易之路。我记得，我当时的期货投资组合在几十万美元左右，然后我签了几份不同的白银交易合约。当时恰逢亨特兄弟大量囤积白银，致使白银价格疯涨，这超出了我的全部预期。那时的我作为一位优秀的趋势跟踪者，打算坚持跟随趋势，随之涨跌。无论市场走向如何，只要止损合理，我就会继续跟紧市场走势移动止损。

由于市场涨势太快，我的止损点也移动得离谱。我的账户曾一度达到 50 万还是 60 万美元，特别荒唐。我赚了 400% 或 500% 之多，但我还坚持持有同样的头寸，结果这时出现了大幅回撤。我出脱头寸，最后投资组合只剩 25 万美元或 30 万美元。

亨特兄弟的白银流入市场后，我在几周内就损失了 30 万美元。就这样，整个白银交易崩盘，日复一日走下坡路。

我从中吸取到的教训便是，波动性占投资组合的比重无须变动。我的意思是，我当时有好几个不同的白银交易合约。所以，我完全有理由继续坚守白银交易，做一名优秀的趋势跟踪者，坚持到最后。但我没必要到了最后还持有与开始时同等的合约数量。我可以随时剔除掉几个，这样就能降低投资组合的波动性，同时还能保有大额白银头寸。

这样，我的投资组合就会被优化，我就不用仅靠几笔白银头寸来左右整个投资组合的涨跌起伏，这样会导致其他投资对整体没有任何影响。在这一过程中，根据波动性不断调整头寸规模，我们就可以针对不同系统交易的 80 个大宗商品市场，由计算机计算出单笔头寸的波动率。这样，投资组合才有效，不会导致单一市场主导整体投资状态的情况。

这就是我吸取到的教训，非常有价值。我们可以将其用到风控占交易金额的比重上。TrendStat 到最后积攒了很多不同的方法来控制头寸规模。头寸规模调整的底线是，每一笔头寸都会对投资组合产生有意义的影响——这种影响不能用大小来形容，而要用"有意义"来形容。等你理解到这个层面，你就是在真正管理投资组合了。

迈克尔：还有很多问题，关于你如何对资金进行管理、如何进行风险管控以及是否会做金字塔加码。

汤姆：我觉得资金管理就是个简单的计算题。用你在任一时刻的交易金额减去止损金额得出风险系数，再乘以合约数量——这就是你的风险金额、你的净头寸，然后再除以交易金额，得出你的投资组合在该时间点由于这一头寸所产生的风险占比。波动率也可以这样计算：用任一头寸的波动率乘以合约数量。对我来说，波动率就是过去 20 天内的真实波动幅度均值。用波动率除以交易金额，可以得到幅度或者波动率占比。保证金也一样：用一笔头寸的保证金乘以合约数量，再除以交易金额，就能得到保证金比例。

你可以为上述三者中的每一种设定固定水平，这样就可以进行计算。计算机会说："如果我超过限额，就会出售足够多的头寸让自己回归限额之下。"我甚至一度达到了初始仓位限制，以及持续的现有仓位限制，因为当某一头寸赢利并开始运转，它本身便会多承担一点波动，多承担一点风险。但截至目前，你已经获胜，一切都朝着利于你的方向发展。你要让它继续运转。

我们设定了初始头寸风险占比水平和初始波动性风险占比水平，还调整了投资组合。接下来，由于市场会有利于我们，我们就可以提高包容度。等它超过这些水平，我们就剔除一些合约，直到回归限制范围内。但我们会让头寸一直滚动下去，就像艾德·塞柯塔所说："一举登天。"

迈克尔：罗斯·亨德里克斯（Ross Hendricks）和马修·弗赖伊（Matthew Fry）都对系统测试有疑问："你对第一次进行回测的程序员有什么建议？"马修还问："你觉得应该让系统自主推进吗？如果不是，什么指标最适合用来监测你的优势状况？你如何知道何时该做出变动？"罗斯则问道："作为系统编程的新手，我该如何起步？"马修问："我想问问有关系统自主推进方面的建议——怎么知道何时需要做出改变？"

汤姆：都是好问题。刚开始，我做化学工程师的时候赚了些钱，所以我就上了四门热门编程和基础编程的课程，理解了编程的内容。我并非生来就懂编程知识，我觉得谁也不是生来就懂。大家都是后天习得的技能。

你可以买书学，也可以报班上课。我建议，一开始，你可以看 Excel 电子表格这种简单的东西。我没有全职的编程员工，所以我最近做的很多事都是在 Excel 里做的测试。它的功能真的特别强大。我们现在的电脑有着高存储的硬盘和高处理速度，这就能让我们在 Excel 上做很多以前用我那台 IBM 电脑或是 1980 年的 TRS-80 不能编程的事情。

计算机上的很多小组件都相当强大，Excel 就是个典型例子。或许你可以由此开始，用它来研究市场当下的状况或许会更容易一些。如果你想试试 Excel 里更炫酷的功能，可以安装 Visual Basic 模块。这方面的教程和书籍也有不少，要是我的话大概就会从这方面起步。

很多固定策略程序也可以作为研究的工具，但我担心很多这类程序呈现的趋势往往并不完全适用于你最终的交易方式。所以它没法真实反映你即将开展的交易。我的意思是，有时这些固定程序得出的头寸规模调整方式并不合适，它们可能是基于一份合约生成的，而一份合约代表不了其他合约。你得到的只是一份合约的结果，其无法起到资金管理的效果。

最终呈现给你的历史记录可能会很怪。你可能会受此影响，尽管这种影响有好有坏。你研究这些历史记录时，会希望自己能在各种类型的市场上驾轻就熟。但或许会出现这样的情况：你喜欢用某种未经严格模拟的策略，结果该策略突然在未来的某一天崩盘溃败，而你又无法坦然坚守这一策略。你肯定不想落入这般田地。

如上所述，这会是我起步的方式。

我觉得"系统推进"（Walking Forward）这个术语是指花一定的时间运行某项策略，然后得出该策略的结果，之后运用这一特定部分的数据库重新优化你的参数，然后再去攻略数据库的第二部分，看看结果如何，之后再用这一部分数据优化你的参数，接着再去推进到数据库的第三部分，以此类推。

但我觉得这个方法有点笨拙，毕竟现实世界不是这样运作的。对我来说，每一天都是新的一天。就以真实波动幅度为例，20 天的真实波动幅度均值（ATR）每天都有变动。如果 ATR 是你的参数之一，那么系统每天推进，日复一日，你将得到一个新的 20 天周期，新的 ATR，每天都会变。

所以，你要基于此推进系统，这更近似你每天做的实际交易。我更喜欢这种策略，而不是先处理大部分数据，对此优化，然后再用于下一部分数据。

如果你觉得这就是每天进行系统推进，那你就可以用历史数据库计算每 20 天的 ATR 来实现系统推进。然后你可以开始浏览数据库、做决策、进行资金管理，让数据库追踪全程。这样你就能维持良性的状态。

迈克尔：安德鲁·德比希尔（Andrew Derbyshire）提了一个问题。他问："你在过去是如何化解人们对趋势跟踪的怀疑态度的？比如，你可以想想大卫·哈丁是如何应对在美国消费者新闻与商业频道上收到的质疑的。"

汤姆：怀疑论者大有人在。这也是为什么趋势跟踪经久不衰的原因之一。如果人人都对此深信不疑，它或许就没那么有效了。

在我职业生涯的后期，我对趋势跟踪者在哪儿赢利、在哪儿亏损做过一些研究。我提出了一个想法，即计算二三十种不同大宗商品的多类型投资组合的月度回报，然后测算任一市场走势的绝对变化量。之后，我用同期 CTA 的利润与之对比。我了解了各个市场的细节，先用 TrendStat 的投资组合来测算。之后，我又在宏观层面上进行了测算对比，我问："整个投资组合中的商品均价是多少？是高还是低？CTA 的利润又是多少？是高还是低？"

于是我们发现，市场变动的时间和 CTA 或趋势跟踪者们赢利的时间有着明确的相关性，这应该是非常符合逻辑的。我不明白为什么会有人不认同趋势跟踪，为什么会觉得趋势跟踪行不通。

然后，问题就变成了："你希望市场在未来的 20 年内产生波动还是静止不变？"如果你觉得市场在未来 20 年会停滞不前，那我觉得你还真不一定会成为趋势跟踪者，你可能都不想做交易。如果市场不波动，你是赚不了钱的，因为你肯定是以某一价格买入再以更高价格卖出的，或者以高价卖出低价买入的。如果市场一成不变，你就没法得到高低差价，价格会始终如一。

在我看来，市场是会变动的。此外，在我的人生中，由于计算机及其他种种因素参与市场的程度很深，各种力量一起起作用，导致市场产生了更多的波动，而非更少的波动。所以，事情更有可能发展到离谱的境地。就像现在，那些我强烈反对的量化宽松的无稽之谈导致了货币贬值。

如果美元的价值持续走低，而原油这类商品又是以美元定价，那么对于等量的原油，中东或是其他地区的人就会抬高原有的价格。我感觉我们迟早是要付更多钱的。因此会出现商品价格超出原有价格范围的趋势，原因就在于为其定价的货币的价值不同往日。

鉴于此，我觉得这就是大卫·哈丁这类的趋势跟踪者们一直以来赢利的原因。美国消费者新闻与商业频道及采访节目中的一些人是永远也不会明白这一点的，因为他们只关注道琼斯指数（the Dow）过去5分钟的情况。

这就是双方意见不一致的缘由。趋势跟踪者们的优势在于知晓市场未来的波动。未来会有更多的波动，而且是更多的大变动。这中间的种种无稽之谈你只能忍气吞声。

迈克尔：我记得我曾受邀去美国消费者新闻与商业频道与几位制片人交流，他们让我当场宣传一档节目。当时，我走过演播室，感觉特别有趣，因为那里有一大片区域，聚集着那些你只会在电视上看到的记者，边上是布景。

作为观众，你是透过小巧精美的电视屏幕观看里面的节目的，但当你真正身处演播室内，你再去看，就会意识到："哇，这一切都是被精心设计的，都是假的，不是真的。"如果你站在那里，看现场播报，看那些逼真的灯光，这又和你在有限的电视屏幕上观看他们想让你看的内容有很大不同。

汤姆： 很多内容都是废话。人家调到这个频道是为了听大卫·哈丁讲解一项涵盖未来 10 年之久、需要大量工作才能成行的策略，不是去听"我想知道今天道琼斯指数为什么跌了 50 个点"。

迈克尔： 可不是嘛。

汤姆： 这就是普通人不理解的地方。我认为专业的交易员不会到美国消费者新闻与商业频道找灵感，倒是有可能去分享一些见解。

迈克尔： 我猜，如果观众看了大卫·哈丁的采访，但此前从未了解过他的那类回答或是那种思维方式，就会暗自思考："我得搞清楚这人是谁、做什么的，没准我能有所收获。"

汤姆： 这也需要你有足够的知识储备，能够区分大卫提供的优质信息和其他劣质信息，而劣质信息大概率是来自采访者的提问。

迈克尔： 说得好。

汤姆： 但如果你要是连这个都知道，那你基本也不需要去和大卫·哈丁交流了。

迈克尔： 确实。这还挺矛盾的。克林特·史蒂文斯有个问题，他说："在杰克·施瓦格的《新金融怪杰》一书中，作者提到你被纳入书中的原因不仅仅是赢利颇丰，还因为'宁静'这个头衔。"克林特想了解你的交易方式的发展历程，以及你从一开始是如何经营人生的。保持宁静的心态，以及避免成为一位疯狂、超重、加班、整日坐在那里没有个人生活的交易员，是否一直是你的人生规划？

汤姆： 是的，很大程度上确实如此。但可能和你预想的有点差别，因为我作为资金经理的工作是管理客户的资产，不是管理我自己的资产。当我听顾客讲解他们的喜恶时，我便发现，很遗憾，大众客户真的不让自己聘请的资金经理去做资金经理能做的事。

如果按资金经理所想的方式交易，资金组合起伏过大，就会导致顾客紧张不安，从而抛弃你。顾客总是想追求回报，会在资金曲线居高位时把钱给你；等到资金曲线下降，他们又急着把钱倒出来。从业绩费的角度来看，这很不利；从客户获得实际投资回报的角度来看，这也是在弄巧成拙。所以我很早就决定，我要在这一过程中尽力让客户成为最好的客户，这样他们就能让我做最好的资金经理了。

这样行事就可以围绕客户制定策略，而不是围绕自己。因为客户的风险承受能力比我小得多，这就间接影响到了我的生活质量，使得我设计的策略会更温和，变动会更少。我倾向于坚守良好但略显无趣的风险回报率。当时，总有人和杰克·施瓦格说："你真得采访一下汤姆，他特别有趣。"杰克当时是手捧咖啡的纽约精英，担任保诚集团期货公司（Prudential-based futures）的研究主管，我想他是在为《新金融怪杰》这本书找卖点。他想找的是那些创造、百分之百、百分之一千的回报的华尔街传奇们，他们才能让书大卖，而我的故事没那么有说服力。我不过就是个转行做资金经理的工程师，收益不多不少，没经历过什么大风大浪。

杰克表面上对此不太感兴趣，但架不住有人一遍又一遍跟他讲要采访我，他就纳闷了："为什么大家都觉得汤姆很有趣呢？"等他采访完我，了解了我是如何安排自己的人生的，知道了我的确拥有充满乐趣的生活，我觉得他便有点对这样的生活心生向往了。不过，他似乎还没弄清楚怎么让他自己的人生过得妙趣横生。

他和我透露，到目前为止，他创作的两本《金融怪杰》中，相比其他人，我的交易风格或许是他最愿意遵循的，因为我的风格平静祥和，我能对交易过程有所掌控，还不会产生过多的焦虑情绪。我觉得杰克最初进入交易这行时，以为会有很大的压力，以为要想收获丰厚的回报就必须付出极大的努力。觉得必须得忍气吞声，顺着资金曲线走。这都是无稽之谈，真的。纯粹是他本人的偏见导致了这种想法，而我算是让他看见了另一个世界。

迈克尔：我觉得这也是我父亲选择的生活方式。他是位牙医，但当他20多岁还没多少从业经验、还没收获巨额收入的时候，就决定一周只工作 4 天，每周周五就开始休息。他年轻时就以这样的方式生活。我们也可以用一些方式、技巧和想法来以不同的角度看待事物。

我们回到最开始探讨的阿伦·瓦兹的视频，他把很多东方思想带入了西方世界。他提出这个问题："你如何以不同的方式规划生活？如何在早期就思考这件事？"你如何摆脱单调乏味、一成不变呢？

汤姆：没错。我已经退休了。TrendStat 已不复存在，我手下也没有 10 个员工了，也没有 40 台电脑了。我现在的大部分工作都是在一台电脑上完成的。我们在商量要不要再买一台。我暗自思考："好吧，让我想想。"我没有员工，没有后援，但我还要制定出好的交易策略。所以我改变了很多，在不同的交易市场上运用不同的交易风格。我之前从没在 TrendStat 交易过橙汁，因为我们公司太大了，但现在我就可以做橙汁交易了，于是我就去交易橙汁。你要根据实时条件做出调整。

除了在不同的市场做交易，我退休后还会做些什么？我今天想去打两个多小时的高尔夫。我可不想一整天都坐在电脑前看图表，太伤眼睛了。我宁可出去修修后院的树，种点花，去锻炼、远足、打高尔夫，做所有我喜欢的其他事情。

所以，如果我要制定交易策略，我为什么不制定一个适合自己生活方式的策略呢？这样我的生活方式就能完全符合我的预期，而我也能把好的策略原则运用到交易中。从这个问题起步，一切就会简单很多："我该如何让自己的交易策略适应我的生活方式？"

我经常说："如果你是位经常出差的销售员，一周五天在路上，只有周末在家，那为何不在周六早上做交易呢？"你可以采集每周的数据，到周六早上查看，然后做决策。决策以电子的形式被发送出去，等到周日晚上你再出差上路。

迈克尔：过去几年，当我了解到有多少大型基金、大型趋势跟踪基金使用周线图系统时，我真的特别惊讶。

汤姆：确实如此。它能给你些不同的灵感。一些大型CTA运作艰难的原因之一，就在于他们管理的资金太庞大了。它们进出市场之际会影响市场走势，光进出市场就得花上两三天的时间，所以得看周线图。只要你做好风险控制和投资组合多元化，那就没理由不成功。这可能会对你的回报流或风险回报情况产生一点改变，但这是大公司该做的。它们管理的资金太多了，没法进行不必要的交易。

对于CTA而言，当有多方客户想要找你投资，你的员工努力在行业内开辟事业，而你又在努力进入新的市场之际，这是挺困难的。你很难拒绝新的资金入账。你着实需要守住底线，说："不，说好了赚到1亿美元，那就到1亿美元为止。再多，就得给你们所有人返还资金了。"

很多CTA都这么做过，这表明你管理的资金太多，让你应接不暇。资金提供者就会想："天哪，这人竟然要把资金退回来，看来让他把资金投资进去真的很难。"他们也可能会说："他还真挺实在的，没有每周交易一次，稀释我们的回报。"或者他们会说些什么别的。

这件事情有两面性，但都让交易员成为焦点。他必须能够经受住审查，解释清楚自己为什么要把资金返还给客户。但也有人偏偏不返还资金，最终随着时间的流逝稀释回报。

迈克尔：我在我的书中提到过一种彰显交易策略有效性的方法，即研究不同交易员的历史交易记录，说："看看这位在过去几十年来的业绩如何。"

在谈到在管资金和在管资产时，二者有时都会涉及资金管理的概念。你如今已经没有了下属员工，一个人过着美好的生活。那我们就拿约翰·W. 亨利（John W. Henry）最近关闭公司的事情为例。我很难批判一位在这一领域驰骋 30 年的成功人士，你有什么看法呢？

汤姆：他成功了。

迈克尔：是的，他坚持了下来。他管理着巨额资产，然后决定进军另一行业，一个完全不相关的行业，并大赚了一笔。他并未投资众多财富 500 强企业，但大家有必要对此过分惊讶吗？我们有时只需要后退一步，从长远的角度看待这类事情。

汤姆：确实，真得如此。约翰·亨利就是个很好的例子。他的杠杆比我的稍高一些，所以他经历的涨跌起伏也会更多一些，但他依旧有能力持续吸引注意力，并拥有足够的营销能力或销售能力，从而让自己的业务能运转很长时间。在这方面我真得向他致敬。大家最终都想问："约翰·亨利会做些什么呢？他会不会去经营一家自己不太感兴趣的期货交易公司呢？"这是项巨大的责任，而他的确有雄厚的资本，但为何要让自己承担如此大的责任呢？

迈克尔：是的，如果大家仔细想想，就知道这并没有什么好奇怪的，就是一个人转型了而已，多年前约翰收购球队的时候我就明白这个道理了。你会说："人家明显也对其他东西感兴趣，一个人在一生中能对两类大事感兴趣的确不容易。"

汤姆：谁知道呢，没准他正在研究些完全不同的事物，而我们对此却一无所知呢。

迈克尔：咱们真得向他致敬。此时此刻，咱们可以转个场，一定特有趣。我们都知道，确实有很多坐在场边、喝着百威啤酒、超重 45 斤、指手画脚的观众边看足球赛边点评。但你确实得给在场上比赛的运动员们加油打气，因为他们真的在挥汗如雨、奋力比拼，把精彩的比赛呈现给世人。我对此百分百致敬。

汤姆：确实。

迈克尔：你做过一个抛硬币的实验方法，拉里想让你重新解释一番。多数交易员在一开始时最喜欢看条条框框，但你似乎并不太注重这一方面，而是更强调退出和适当的资金管理。

汤姆：是的。新手交易员在起步时往往会读很多交易相关的书，比如《趋势跟踪宣言》（*Trend Following Manifesto*）之类的，还会了解很多移动平均、指数移动平均、区间突破系统的相关内容，还有图表中的各种内容。他们深陷买入和卖出，而且很多时候还只是为了做一份合约，因为一份合约计算起来更简单。其实，你可以把它录进电子表格，然后就放手去做就好了。去尝试不同的东西，去找寻你觉得起效的方式，然后就放手等待"奇迹"，心怀成功的希望就好了。

当然，一路走来，我也学到了很多资产管理的经验。我开始直截了当地表明，资金管理远比买入卖出重要，但每一位潜在的资金经理在采访我时都想了解我的交易策略，而非资金管理经验。客户们也更想了解我们到底在做些什么。

于是我就想，我需要一劳永逸地堵住大家的嘴，不要再说"重点全在于交易策略""与资金管理无关"这类无稽之谈。我开发了一项策略，把清理过的数据库用于五六个，甚至是七个市场中。这一方法被几个奥地利人用在了二三十个市场中，结论是一样的。

我的研究是这样的："我们来抛硬币。如果我们没有头寸，那就正面买入，反面卖出。一旦设定了头寸，我们就采用简单的区间突破策略，如果是卖出，就设置买入止损；如果是买入，就设置卖出止损。"我把它的方向设置为与交易方向一致，这样交易会尽可能长时间滚动下去，直至不得不停下来，然后你再抛硬币。

因为是随机的，所以我发现，每次我这样运行交易时，滚动无数轮后，就可以稍微赚点钱，赢利不多，但的确赚了。这个操作的关键在于要完美平衡投资组合。七笔头寸中的每一笔都会对投资组合产生有意义的影响，没有任意一个占据着主导地位，也没有任意一个起到向好的或不利的主导作用。它们都在起到有意义的影响，而且所有的风险管控和波动性管控也都做到位了。我们设置了风险占比的限额，我们拥有的合约数量也都达到完美的平衡，这才能创造利润。买入卖出不会造成太大差别，抛硬币也能赚钱。

那几个奥地利人每年在二三十个市场用我的抛硬币法赚得比我都多，因为我只用在 7 个市场上。他们可能最后运行的投资组合风险更高一些，但也的确有赢利。

迈克尔：古鲁·普拉萨德（Guru Prasad）有一个问题，我们可以以小见大，他想了解投注比例的问题。他说他觉得 1% 很得心应手，我觉得他是想听听你对每笔交易金额投注比例的看法，以及你对投注比例选择的看法。

汤姆：这就是为什么每位交易员都要对比例进行模拟，这很重要。我之前说过，我们对保证金比例、波动性占比、风险占比这些项目都有设限。我们都设下了具体的数字，得出这些数字是基于各种杠杆反馈到回报流中的方式以及投资组合在某天、某周、某月、某年的涨跌——不同投资组合的风险水平会带来怎样的最大回撤以及加多少杠杆。

因此，他能注意到这一点，可以说很敏锐了。我们在 TrendStat 用过大量的 1%。某些情况下，我们对一些市场投了不到 1%；超过 1% 的情况非常少。我们的交易风险几乎维持在 2% 的范围，因为头寸在向着利于我们的方向发展。如果我们的止损点移动了，我们就会让交易尽可能持续滚动下去，风险稍高一点也无妨。

但过度的风险就不可取了，我想这是每位交易员都得自己应对的问题。值得一提的是，现在我已经退休了，我的客户就是我和我妻子。她对我做的事情喜闻乐见，所以我就能以稍高于 1% 的比例运行投资组合，尤其是我的期货组合。我觉得很得心应手。我清楚我在做什么，我也知道它的涨跌起伏会更大。但我也知道自己控制好了风险，让交易的速度加快一些对我来说也不在话下。

迈克尔：你想让人们看到一系列的可能性。

汤姆：是的。每位交易员都该尝试在不同水平模拟一些交易想法，并尝试在略低于自己容忍限度内的情况下进行交易，因为在交易竞争白热化的阶段，倘若你经历着前所未有的大幅回撤，那么回撤小一些总比大一些要好。你可以保守一些。如果你做了模拟，结果显示你可以做到 2%，那在实际交易中就先以 1.5% 做一段时间，看看自己是否应付得来。你不用急急忙忙把 10% 的资金交易到一笔头寸上。

迈克尔：朱塞佩·柳佐（Giuseppe Liuzzo）提问："汤姆，你是如何实现投资组合多元化的？"

汤姆：这个问题还真不简单。我们在全球范围内处理了大量的电子数据，使用很多计算机进行交易，涉及诸多不同的市场。所以，对于 TrendStat 而言，在 30 个货币外汇市场、80 多个期货市场和 25 个左右的共同基金做交易不是什么难事。这么多市场，我们用 10 个人就可以完成，其中 4 个还是搞开发的，不是做交易管理的，只有两个是实实在在参与订单创建和交易运行的。所以，我们就只有两个人通过各种各样不同的策略处理上百笔头寸，应对数百位客户。他们每天都能轻松做到。我觉得，货币的话，下午运行 10 分钟左右就完成了，其他的也就用 15 分钟左右，根本不会花太长的时间。

然而，实现多元化越来越难了，随便取一天，假设你有一份大豆交易合约和一份黄金交易合约，理论上这二者基本互不影响。黄金会涨，大豆也会涨；黄金会跌，大豆也会跌——各种可能性都会出现。你会觉得投资组合里既有大豆又有黄金，这就是某种多元化了。

但历史上经常会发生这样的情况，而且总是发生在重大新闻事件的期间，例如战争爆发、经济崩溃、泡沫破裂等期间——我称之为"同步时期"，即每个市场的走向要么和另一市场呈 100% 正相关，要么和另一市场呈 100% 负相关，没有处于这两种情况之间的可能。这两个市场不再相互独立了。这些大事发生的时候你可以在某一天看看自己的投资组合，然后会发现，突然之间，整个屏幕都绿了。投资组合里的每笔头寸都是绿色[1]，你在各个市场都有赢利。

结果第二天，情况有变，市场又变红了。这就是 100% 的同步，没有多元化可言了。你以为你的投资组合是多元的，其实不然。

我在新手投资组合中还经常看到另一种情况，他们会来找到

---

[1]　在欧美股市，绿色代表上涨，红色代表下跌。——译者注

我说："我想让你看看我的投资组合。"可以，这没问题。一般就是某位亲戚或是朋友，我给他们看看他们的投资组合，他们的经纪人或理财规划师给他们推销了很多不同的总股票共同基金。我记得我姐姐给我看过她的投资组合，里面有五种不同的共同基金，其中三个是老式的大型总股票共同基金。我就说："你这个投资组合缺乏多样性呀。市场涨，它们全跟着涨；市场跌，它们全跟着跌。你要是买入并持有它们，那就没有多样性可言。"她说："但那三个是不同的呀。"那并不代表多样性。

所以对于这个问题，我不能简单地回答。你要研究所有不同的市场，并对比一段时间内它们与其他市场的交易方式。但在内心深处，你还要对自己说："当危机来临，这些市场出现同步，那么无论情况是好是坏，我都最好制订出风险管控计划，以限制敞口。既然我已知在市场相互关联的当下，无论我怎么做都不会获得多元性，那我就要保证不能让自己的投资组合溃不成军。"

迈克尔：克里斯·梅（Chris May）开玩笑问道："金价未来六个月将何去何从？"

汤姆：真有意思。

迈克尔：弗雷德·彭尼（Fred Penny）提了个好问题："你会因为什么原因停止某个特定系统的交易？又会因何原因重启这一系统交易？"

汤姆：若某天我意识到，在近期的市场条件下，我从该交易策略所获的结果，与我根据该策略在其他市场的运行方式得出的预期并不相符，我就会停止使用该交易策略。也就是说，市场发生了一些我没能预料到的事情。这就是为什么我执着于在模拟时用尺子查看每天的数据。我要了解发生的一切，了解策略是如何运作的，它是如何应对各种波动的。我以这样的方式度过每一天，研究过去两周、三周、四周的情况，观察市场的走向，如果没赢利，我就会扪心自问："为什么没赢利？哪儿出了问题？"这会让我停止使用该交易策略，仔细研究一番。

如果我能找出出现这个情况的原因以及自己在构建该策略时的问题，并乐于做出改动解决问题，那我愿意立刻重启该策略。也就是说，如果我通过模拟、一行一行地浏览检查后说"是时候了，我们重新启用吧"，我就会重新使用该策略。

如果我没能找出我预想的运行方式和它实际运行方式出现差异的原因，我就会把它丢进垃圾堆，转头研究新的策略。

迈克尔：你总能坦然面对策略固有的不确定性吗？很多人都希望，他们用自己的系统排队交易时，每个月都能赚1%。我觉得任何开始理解交易世界的人若以这种方式思考，都要以平常心面对不确定性。

汤姆：要做到这一点，就得去看看每日回报或是大量数据。我在业内时曾有时间跨度有二三十年的清理后的数据库，具体有多少我也记不清了。我们当时浏览的数据库相当庞大。在浏览每日数据，甚至是每周、每月的数据时，你面对的可是相当多的数据点。把它们投到钟形曲线之类的东西上，你就会看到很多不同类型的情况。

我认为，资金经理的工作就是管理获取的所有随机数据，通

过处理所有的数据来做出良好的资金管理决策，同时对"今天黄
金市场走势如何？"等类似的问题不要投入过多的情感。这些我
真的都不在乎，不过就是我需要处理的另一份数据罢了。我更多
的是以一种处理数据的心态，以统计员的心态和工程师的心态来
面对工作。想来，这也算是个幸事。

迈克尔：对你而言，工作就是解数学题。

汤姆：是的。我一直都把资金管理视为解数学题。它跟解数
独、填字游戏或是解其他谜题没什么区别。交易是脑筋急转弯，
需要动用脑力。就像打高尔夫一样，你永远都不会打出一轮完
美的高尔夫。每次打完一记球，你就可能会说："我要是以 17 英
尺（1 英尺约为 30.48 厘米）轻击入洞，就能进了。"于是面对下
一次击球，你总会说："我一定能做得更好。"交易也是同样的道
理。你永远都不会一步到位，你只会在有生之年慢慢变顺手，直
到走向生命终点的某一瞬。你会做到最好，但却没机会做到更好
了。你永远都不会一步到位，永远都不会成为完美的交易员。

迈克尔：霍华德·弗雷泽（Howard Frazer）想听听你对初始
资本风险和未实现收益的看法。

汤姆：我的看法大致是，当我们研究一笔趋势跟踪交易中
每一个点的风险回报时，你可以取每一个买入信号，说："好的，
这是第 0 天。我以这个价格买入，我的止损位于这个位置。"然
后你让交易继续进行，衡量每份合约的风险和回报。你要提前计
算，用历史数据库计算出这笔交易的最终结果。

　　然后你要回过头来衡量一下这笔交易每天的情况，计算出这

笔交易余下部分的潜在回报以及彼时彼刻的风险。假设，这笔交易将持续 30 天，你将获得 10% 的收益。到第 5 天的时候还剩下 25 天，你会收获一定的回报，但不一定是 10%，可能是 7.5%，那么此时此刻风险是多少呢？所以我们在整个趋势跟踪交易期的每一天都会衡量风险回报率。我们对上千笔交易进行了测算。

我们得出了一个毋庸置疑的结论，即风险回报率最合适的那天，就是你进入趋势跟踪交易的那天。这个和刚刚有人问到的金字塔加码问题相关。金字塔加码是指你在交易后期进入，期待它能继续按照你的预想进行下去。你的风险回报率在金字塔加码交易中不会太好。我们会进行金字塔加码或者增加头寸，但增加的数量很少，而且是在非常严格的低风险条件下进行的。例如，我们会进行回调等。我们可以紧跟市场移动止损。增加少量头寸的做法，我们乐见其成。

保持足够高的风险回报率以证明这一做法的合理性其实挺难的。现在，我来回答一下霍华德的问题。我一直都觉得，如果市场朝着一个方向发展，而且还利于你的头寸，你就得让利润滚动起来。假设就按我刚才的描述，现在是交易的第 5 天，这是笔获利 10% 的交易，如今已实现 3%。一切向好，它看起来会是笔赢利的交易。你的进展不错，一切都按你的预想发展。最后会不会获利 10% 你也不太清楚，但目前一切都好。如果一切按你的预想发展，那么赢利比不赢利的可能性大得多。我们也对此做过研究。

鉴于此，我们稍微放松了对现有交易的风险和波动性控制——我们称之为"现有控制"（existing controls）。我们为初始头寸设定了初始限额。现有交易水平总是略高于初始风险水平和波动性水平。就拿 1% 为例，假设你的投资组合需要 1% 的风险，那么现有交易的风险就在 2%，所以给它一点增长的空间。

迈克尔：我想你也是借此再次表明，交易者们不要光听信你说的话，还要去验证你的方法，去见证各种不同的可能。

汤姆：一点儿没错。每位交易员最终都得接受自己的决定。我不会守在他们身边安慰他们，所以他们得找到自己的舒适区。我是说，像我妈妈这类人，他们自己的账户哪怕上涨或是下跌一分钱，他们都见不得，所以他们的交易风险可能就只有千分之一。每个人都有自己的风险舒适等级，而你要知道自己的那个等级是什么。

假设，沃伦·巴菲特要在 20 个大宗商品市场做交易，他只投 100 万。这点钱和他的总净值（total net worth）相比简直是小巫见大巫。因为这点钱对他无关紧要，所以设置一个不同的风险水平他也会很放心，哪怕都赔了也无妨。他的情况会让他的风险舒适等级有所不同。专业水平的不同也会影响舒适等级。

迈克尔：到了他那个层次，用钱的方式肯定是不一样。

汤姆：对呀。专业水平也是一大因素。如果一个人非常了解自己的系统，完全清楚自己在做什么，对使用策略后出现的回撤也能欣然接受，那他的风险水平就可以高一点。这是新手缺乏的技术专长，是你的优势。但零经验的新手们，请把风险水平压低。哪怕以极低的风险做交易赚不了多少钱，但这对新手交易员来说，也是宝贵的成长经验。

迈克尔：如果我猜得没错，汤姆，你很喜欢针对你的经历发表见解。你想让人们从你谈论的内容中见微知著，让人们能先人一步获取经验。

但我觉得你并没有把自己标榜为大师。你只是在分享智慧和洞见。你在说："这就是我过往的经历。"我觉得有的问题提得很好，但有的问题你能听出来，对方是希望能收获灵丹妙药。如果你给出灵丹妙药，他们就会觉得这必然能起死回生，可这并非你想给大家传递的信息。我这么理解没错吧？

汤姆：没错。我之所以每天都在我的脸书主页上放上我的指标和对冲走势，唯一的原因就是我的妹夫和继子正处在交易生涯的初期摸爬滚打中。我觉得以这种方式和他们交流比较方便。他们其实可以发现我的倾向，然后经常向我提问，一点一点积累知识。我在努力帮助我的继子学习如何成为一位交易员、如何管理他的养老基金等。

所以，我一开始只是在脸书上给向我提问的亲朋好友发帖，后来竟吸引了全球各地 300 多位好友。我当时真没想到，但我并不介意把这个传统发扬下去。

迈克尔：占用你休息时间这事儿，看来我得负点责任。

汤姆：似乎很多的好友申请都跟我有一个共同好友，就是科维尔。

迈克尔：这太妙了。好，再提最后一个问题，我们就结束今天的对话。杰里米·克利福德（Jeremy Clifford）问："回顾过往，你有没有经历过这样的情况：系统信号表明'买低卖高'或者'卖高买低'，但你的直觉却是'不可能！它疯了吧'。这是你的系统，于是，你听从了系统的建议行事，结果最后赢利了吗？"

汤姆：有过。我记得有一次是市场择时信号，要我在1987年金融危机后离底购买共同基金。当时全世界都快崩溃了。美联储持续提高金融市场流动性，一天的时间内道琼斯指数就跌了差不多23%，还好择时信号发出之前的一两周，共同基金都以现金形式发放了。但当时距离真正的经济崩盘只有一周的时间了。

我保留了全部资产，结果收到了买入信号。我自忖道："老天，真的吗？美联储都介入了，当前市场波动性巨大，结果你给我个买入的信号。如果行情不受控制，我们就赔本了。那就太糟糕了。"于是我就对自己说："这么做让我很不安心，但我试试看。"事实证明，如果你在那次崩盘后立即买入，它只会在未来一年左右的时间内上涨。那段时期很好。类似这种情况，你只需摇摇头，然后放手去做，"天哪，一定很有趣"，但你必须按策略行事。

我在TrendStat承担起这样一个责任。我对自己说："你只要严格按照计算机的指示行事即可。如果计算机提出的策略正确，由我负责；如果有损失，也由我负责。但你们要负责精准无误地执行。"明确责任划分减轻了员工在市场走势判断失误等方面的压力，他们只需执行即可。

不过，他说的情况在我的职业生涯中的确发生过几次，都是你感觉特别不稳妥，也是所有人都感觉不稳妥的时候——等到大家都高枕无忧时，市场早就朝向稳妥的方向发展了，你做交易时也就不用费太多脑筋了。

　　我试图鼓励大家都找到自己的成功之道，列出你的资源、技能水平、智力、打算投入的交易金额、希望交易的市场类型，然后把一切弄清楚，制定适合你自己的策略。对你有用的不一定对我有用，适用于我的也不一定适用于你。

思维训练

第 200 期　2014 年 1 月 10 日

迈克尔：你特别随和。你为何如此随和呢？有什么原因吗？你的很多博文都附有"我的朋友们，享受这段旅程"这句话。这在当今社会很不同寻常。

汤姆：我上高中的时候，会经常观察自己的行为。很奇怪，仿佛半个大脑都在观察自己每天在做的事。这让我有能力分析自己每天如何应对周遭的世界。以前我会一天分析一次。我会回想这一整天，然后说："我对那个情况的反应合理吗？我有没有过分紧张、过分兴奋、过分压抑或是过分恐惧？"

上了大学之后，我打了好多场篮球，我开始留意起自身之外的人和事。我几乎能边看着守卫边说出所有人应处的站位，也能察觉到我身后的球员。我可以在脑海中追踪其他 5 位球员的动向，当我意识到其中一位不在视野之内，就知道他必定在我的后方。诸如此类的事情我都能留意到。

等我逐渐成长，走入现实世界，我发现自己的生活态度大体也是如此。人生就像一部电影，而我只是顺其自然，交易也只是

我人生的一部分。打高尔夫、烹饪、就餐、看电视、为人夫以及
生活中的其他种种皆是如此。对我而言，把交易作为人生的全部
未免有些单调。人生如白驹过隙，但人生的意义却丰富多彩。

　　人越老越珍视人生的意义。我今年已经61岁了，渐渐见证
了一些朋友的离世，于是便想到，是该抽出些时间去塔希提岛看
看了。其实我今早还在规划行程呢。我在这世间过一天少一天，
但还好交易不会因我的生命终结而止步。把我吸取的通俗易懂而
非艰深晦涩的经验传递下去，也是美事一桩。等你了解了趋势跟
踪的知识，就不难了，是人们把它弄复杂的。能帮助人们理解趋
势跟踪交易的通俗易懂，以及人生远不止交易这一件事，也算是
成人之美。万事万物都有其平衡之道。

　　迈克尔：我听你谈过"想象"的话题——设想恐惧，哪怕没
有发生，也要想象自己感受到了恐惧。我当时不由得会想：这是
斯多葛主义（stoicism）呀。

　　汤姆：是指未雨绸缪吗？

　　迈克尔：是的。你当时提到想象，我的第一反应就是斯多葛
主义，因为我一直认为斯多葛主义就是"设想最坏的情况，在脑
海中演绎；等到糟糕的事情发生之时，自己就不会那么惊诧了"。

　　汤姆：完全正确。我还认为，好的情况也要在脑海中演绎
一番。你可以在脑海中这样演绎："要是事情的走向很疯狂，比
方说，我刚买了这只股票，明天就有人出两倍的价格求购，这意
味着什么？我要做何反应？是高度兴奋、肾上腺素飙升，赚这笔
钱，还是说我就是按着自己的策略走，继续依我的方案行事？"

你必须为方方面面做好准备，不仅要做坏的打算，也要做好的打算。你必须未雨绸缪，各种不同的情况都在脑海中过一遍，做好应对各种情况的心理准备。

迈克尔：这也是情感层面的趋势跟踪。

汤姆：的确是。

迈克尔：既然我们探讨起心理方面的内容，不如就多给我讲讲你的思维训练吧。我猜，无论你是在开车还是做其他事情的时候，你都会做思维训练，肯定不只是为了交易。

汤姆：我这一生中用我的大脑做过各种各样的游戏，我觉得收获颇丰。我刚提到过自己上高中和大学时内心的那个观察者自我（the observer self）。随着我不断观察自己行事，我觉得我的大脑用于观察的那部分最终会在某个阶段——可能是大学毕业之后专门跟踪我每天的行为并将其记录在我脑海当中。届时，这就会成为一件非常自然的事，我不用主动思考就可以完成。我并不会将其视为独立的行为。

锻炼大脑的方式多种多样。比如，我记得范·撒普（Van Tharp）曾说过，准备好外出迎战第一头老虎或是猎杀第一头狮子的青年们要锻炼自己分散视线的能力，看看这会对他们的大脑产生怎样的影响。其背后的心理学原理便是，分散视线能消除很多恐惧。

我曾在高尔夫球场上试过这样做，取得了一些成效。我行走在球道上，看着远处的物体，然后将视线聚焦到远处的某一物体上，比如旗杆，但同时，我也努力保证自己的周边视觉同样清晰，这样，全部景象就都会闯进我的大脑。我的视线没有聚焦在某一样事物上，比如右侧的湖泊，这样我就不会觉得，如果我球没击好，就会掉到湖里。保证大脑中有宏观的景象，这样恐惧就会消失。

单纯做一名观察者没那么简单。开车的时候，我就做过脑力游戏，我在想，绿灯亮起时，大家都是如何开启这场短程竞速的。我坐在车里，看着其他人发着短信、听着广播。我就处在十字路口的最前排，当然，同时也要观察两侧的路况，确保不会有人撞向我。我想看看自己的身体最快能以多久的反应时间从刹车抬脚放到油门上。不用行驶多快，在其他人还在纳闷的时候，我就当第一个驶入十字路口的车辆。就是这类的小事。认识人体和大脑的运作方式对我而言奥妙无穷。

迈克尔： 虽然我们这次的谈话无法深入探讨这类事件的细节，但我觉得你的话语还是能激励年轻人更多地思考成功的心理因素。

汤姆： 如果你在交易中没有脑力，也没有好的心理，其他你所做的一切都会付之东流。我可以使一个程序自动化，将其置于黑箱内，交给一个心理状态非常不稳定的人，那人一定会搞砸，因为这种人没法很好地控制自己的思绪。就算没搞砸，哪怕是运行一个构造完好的黑箱，他们也会出问题。他们会重写程序，或者不去做本该进行的交易。他们会过快收割利润，因为他们觉得自己终于获利了，而不去等待停止信号的发出。这是永远不会成功的。

一旦人们意识到交易的心理因素是重中之重，那么最不重要的就是买入什么、卖出什么，或是何时买入、何时卖出，这样，他们才能有成功的机会。

迈克尔：有很多超级成功的交易员，他们自己也不太清楚自己是如何功成名就的，可能有点幸运的因素在里面。非常富有的人也会犯你刚才提到的思维错误，结果一辈子的财富很快便付之东流。

汤姆：真是这样。如果读《金融怪杰》的第一部或者第二部，你会发现里面有一些人已经不在这一行了。可能他们当时做得很好，但他们在挑战极限，结果自己的心理素质又没有预想的好，于是便走了弯路。我做了快 30 年的交易了。算下来，我又累积了 10 年没出差错的货币交易经验，我还在做。这是一场漫长的旅途。

很多交易员坚持不了这么久。他们会考虑自己能承担多大的风险、日复一日坚持一件事的决心有多强，而这份思考就是很多人坚持不下去的原因。我一直以非常平静的内心面对这些问题，这在我的交易中有所体现。有的人指责我在交易方面略显乏味。我从未追求过丰厚的利润之类的东西，但我喜欢尽量避免损失，继续探索努力。我觉得从长远来看，这对你很有好处。很多人都可以从中收获一二。

迈克尔：你也是我播客上最受欢迎的嘉宾之一。所以，一定有很多人对你的"乏味"感兴趣。我是这么觉得的。

汤姆：每次采访完，我都会收到 15 封左右的邮件或者很多脸书留言。

迈克尔：我们直接开始交易的话题吧。我这里有几个问题，一部分是观众提出的，一部分是我本人想请教的。我看到这样一句话，想读给你听，想听听你的看法。这句话是这样说的："不惧小的损失，你就所向无敌了。"你对此做何感想？

汤姆：我深受震撼。如果你对那些年我们在 TrendStat 做的交易进行统计，就会发现我们用的各种不同的买 / 卖程序的可信度在 28%~40% 不等，更为实事求是地讲，可信度在 36%、37% 左右，平均在 33% 左右，或者说三分之一的可信度。也就是说，我从事的每一笔交易，都有三分之二的概率亏损。

如果我能在心理上接受这一点，说"行吧，上千个数据点都告诉我，我会赚一笔赔两笔"，那我不妨接受这件事。也就是说，我就会坦然接受自己三笔交易赔两笔，毕竟我只需要留意三笔中的两笔就好了。我每做三笔交易，就让自己赢利，让自己赚的比赔的多。这样从长远角度来看，我就是赚钱的。我们就这样做交易，那我还用担心那些小损失吗？我想，一旦你意识到这一点并坦然接受，理解自己为什么必须承担那两笔的损失，那你就能财运亨通了。

我记得很久以前，有个人说过："交易有点像呼吸——人人都想吸气，因为都需要氧气，但你也得呼气。"呼气就类似于亏损。吸气呼气是呼吸的组成部分，钱财进出也是同样的道理。

迈克尔：我在练瑜伽的时候明白了呼吸才是核心。呼吸可太重要了。我再换一个问题。我今天做了个采访，我想把我在采访中被问及的问题提给你——人们想知道为什么趋势跟踪在黑天鹅来袭时会表现得如此优越。

汤姆：从数学的角度来说，趋势跟踪就是："让利润持续滚动，在市场偏离自身预期时，及时止损。"黑天鹅事件是会产生前所未有的重大后果的离群事件，远超任何人的所见所闻，当黑天鹅事件来袭，趋势跟踪将在某一时刻加速或朝着该方向发展。它或许是个巨大的缺口，或许几个月前就已悄然出现，但彼时相安无事，然后在某一时刻突然变成投机泡沫。每个黑天鹅事件的开端都不尽相同。有生之年，我已见证了数次。

但不论你在哪个时间点进入，你终会进入，并乘着黑天鹅刮起的某阵风。那一笔，或许再加上额外的几笔交易，其他种种累积起来，可能就决定了你那一年是赚还是赔。小赢利会抵消部分小损失，但要想真正赢利，就需要那些货真价实的离群事件了——那种能让你持有一整年或是一年半的日元头寸水涨船高的事，那种让交易的票面价值翻番的事。你利用了黑天鹅事件的优势，最终赚了几倍甚至几十倍。它会完全抵消掉之前的损失。这就是趋势跟踪的生财之道。

迈克尔：我们来谈谈你的日常吧。那天我看到你在脸书上的博文，讲你一共要花多久来展开日常行程。我感觉日常惯例是你人生中非常重要的一环，而且它之所以重要也是有原因的。既然你已经有了自己的体系和日常执行的方式，我想请你讲一讲展开日常行程要花多久。

汤姆：我们来聊聊这点。那天，我发布了点东西，股市收盘后我花了 12 分钟完成了整个流程。我忘了确切的数字，但我在股票交易这边移动了 4 个止损，一共有 4 个账户。期货交易这边我也移了一两个……具体多少我记不太清了。对冲交易我也检查了一番，移了几个止损，总共花了 12 分钟。我这么做是因为交易员们给我发帖问我他们需要下多少功夫，需要多久看一次市场。给我的感觉就是，有些人整天都对着屏幕。我便自忖："这得是什么事，能让我浪费那么多时间？"

于是我给自己记了时，以便向大家证明，当然，你可能会不服，毕竟我在 TrendStat 待了 28 年，又退休了 10 年，我早已经驾轻就熟。

迈克尔：等等，这算下来不到 40 年啊，才 38 年。

汤姆：才 38 年，我也才 61 岁而已。但当你积累了这么多经验，你就知道自己每天该做什么了，你只需要执行就好。如果你每天、每时每刻都想设计出新的交易方式，那你盯着屏幕关注着价格涨跌只会是浪费时间，非常缺乏效率。你会总是在问自己："这个有什么含义？我该不该改变策略？我该不该对我在播客、或朋友那儿听到的新想法研究一番？"你的脑子里翻来覆去都是这些内容。

我则完全清楚自己该怎样执行我的趋势跟踪模型。我打开电脑，从上面开始，不断点击、点击再点击。当然，这些年我用鼠标和电脑越用越顺手，我明确知道自己下一步的操作，所以我没有丝毫犹豫。我委婉地告诉妻子："我要闭盘了。"她就会暂时远离办公室。12 分钟后，我做完了，停止了计时，发布了脸书博文。所以这个时间是这么来的。

但正如你所说，惯例很重要。市场不会等待任何人，从这一点上我领悟到了惯例的重要性。这也是我在 TrendStat 经常和员工讲的一件事，这就是为什么我们会有很多备用方案。若是有人休假了，就得有另一个人顶上他的位置。市场不会因为你去过国庆节而关闭。因为你猜怎么着？伦敦才不会管你美国的国庆节呢。讨厌归讨厌，但货币市场在国庆节依然开放，得有人在，得有人继续交易。所以谁休假？谁值班？得安排好。

惯例是由市场运作方式所驱动的，其实，人生中的一切几乎都是如此。你早上起床，可能吃点早餐会好一些，因为它能让你一整天精力充沛、活力满满。做做运动或许也有好处。我看到你在做瑜伽时倒立了，很明显你身体状态很好。我就做不来，试都不敢试，但我也锻炼。我感觉我目前的身体状态对一位 61 岁高龄的人来说算不错了，我的高尔夫打得也很好呢。做这些事情，我总是乐在其中。

我认为，锻炼、吃饭、充分饮水、保证自身的市场参与度，这些惯例都是必不可缺的。我每天都必须要设置止损、移动止损或是检查一番。刚刚我不是说过要坐游轮去塔希提岛嘛，我已经和游轮的礼宾部商定好，希望他们为我提供无线网络，这样我才会前往。我会带着电脑，每天市场收盘之后的某个时刻，我会在塔希提用我的电脑操盘 12 分钟。然后我再继续享乐。有些常规惯例是必须要完成的。有的人会觉得这太过死板，但对我而言，在度假期间每天抽出 12 分钟，我不觉得这是太过沉重的负担。

迈克尔：尤其是，你所做的选择能让你拥有自由的生活。有的人会想："我要去度假了，我可不想被人打搅。"但这些人都是回去得给老板朝九晚五干一辈子的人。所以，我完全认同你的做法。

汤姆：他们回到家，可能会发觉自己错失了各种本该收到的信号。还记得我在杰克·施瓦格的《新金融怪杰》采访中讲述的白银交易的故事吧。当时我父母来看我，我错过了那场白银交易，结果它的价值达到了 10 万美元。而当时我的账户只有 1 万美元，我就这样错过了。错过的原因便是我只关注了自己的私事，我当时给父母当起了导游。我没有责怪二老的意思，是我自己的责任。我本该抽出 12 分钟来做交易的，或者当时抽出多久都好。但我大意了，错失交易和利润。我本可以做得比现在更好，本可以在更早的阶段就一马当先，在交易生涯中更早实现赢利。

你必须认真审视自己是如何度过每一天的，扪心自问："时间都去哪儿了？"毕竟你早上起床，晚上睡觉，中间有大把的时间。如果你认真思考自己把时间都花在了何处，你便会惊觉自己蹉跎了多少时光。

迈克尔：在当今时代，我们在那些电子设备上浪费了太多的时间。

汤姆：当然。

迈克尔：弗雷德·彭尼提了个很好的问题。他问："如果你现在是个 20 来岁、囊中羞涩的小伙子，回顾你的人生经历，你还会以同样的方式进行交易吗？"

汤姆：我觉得不会。大家都知道，我后来成了资金经理、期货交易员和货币交易员。TrendStat Capital 是我以前的公司，2003年才关闭。

一开始，如果你能证明自己能交易 10 万美元，而且在一段时间内，比方说一年、两年、三年内，交易得很成功，使得资产有所增长，可能从 10 万美元涨到 50 万美元，那么人们就会高看你。他们可能会说："这人不错啊。他的交易记录看着很稳。我喜欢他的交易方式。他给我感觉很理智，像个精明的商人。他还雇了员工帮忙，还有计算机设备。不错，我们给他个机会吧，再投 500 万美元。"这样一来，你可能突然一下子就管理着 1000 万美元的资产了。之后又有人给你 1000 万美元，很快你就有 2000 万美元了。然后你就正式进入交易的竞争中，也能由此建立自己的企业了。

现在我已经退休了，也有点脱离交易这一行了，但我也听说了，有些资产配置者会希望资金经理的在管资金达到 2000 万美元或是 5000 万美元，有 10 个员工，有计算机设备、备份路径、营销人员等。我也不知道自己还会不会凭借这一切走进这一行。

我还是倾向于继续做朝九晚五的那类工作，像你刚才说的那种，有点灵活性的工作会好一些，这样我就能边工作边做点交易。我做化学工程师的时候，基本都是四点半从设计化工厂下班，然后回家花半个小时研究我的大宗商品账户，传达一些交易指令，之后就去吃晚饭。没什么大不了的。

迈克尔：我没理解错的话，你的实际工作是资金管理和交易。这俩不是一回事。

汤姆：对，它俩不一样。对那些想要进军资金管理行业的人，我想说，就在我关闭 TrendStat 的前一年，我在注会监管和法律费用上花了 10 万美元，但这对客户有什么好处我是一丁点儿也没看见。我将大概 60% 的时间用在处理人事、会计或法律事务上，而真正做有意义的研究或进行交易的时间只有不到10%，可研究和交易才是多数人的兴趣所在。所以，如果你想在这一行取得成功，经营企业的时间就得多一些，做交易的时间就得少很多。

现在再让我选，我可能会多做一阵子工程师，或者跳槽到我当时所在公司的业务部门，我可能会在战略规划和业务方面做得更多一些。当时我就职的公司对我评价很高，我在离职的前一个月还晋升了。他们似乎很喜欢我的服务和我的工作内容。我在那儿薪水会涨，会拥有股票期权，会进入任何我想进军的领域、攒下很多很多钱。然后我再把钱投进我的交易账户。我会用较少的资金磨炼交易技能，努力让自己的投资组合成为额外的收入来源。

等到额外收入与就业收入持平时，我就能安稳地退休了。我想，如果按我设想的这条路走下去，我可能会更早退休，不用等到 51 岁，因为我们在 TrendStat 做的工作本质上是非常严格的。比方说，我不能做超前交易等类似的事。我必须认真谨慎地对待自己的头寸和客户的头寸以及相关的一切。基本上，我得保证自己的交易中，所有的东西都是稀松平常的，才能和客户的交易匹配得上。我会把我的资金放到客户所在的同一基金里，这样本质上，我和客户的交易就完全一致了，也就不存在偏袒自己或是偏袒客户的情况了，毕竟那是违法的。

我想，要是没有那些限制，又会是另一番情况。我在退休10年后发现，我可以做一些永远也不能给客户做的事。我交易橙汁期货。天哪，我自己的投资组合中只需要一两手橙汁期货就够了。如果我在 TrendStat 时在管资金有 6 个亿，我还买橙汁的期货干什么呢？我可能会买个 10 手、20 手，但这对客户没意义呀。自己给自己做交易又是另外一番天地。

迈克尔：你提到了监管环境。我没有说自己是监管专家的意思，但值得一提的是，并非所有的监管环境都一样。我并不是说某个国家的监管环境差，某个国家的监管环境好。我只是想表达，有些地方的监管要更严格一些。

汤姆：有的地方宽松一些，有的地方其实要比美国还严，人们对一些事情的思考方式不同。美国有些州也比其他州更严。威斯康星州在共同基金等方面有着极其严格的限制，他们那儿好像总是很难让人们喜欢上他们的东西。

迈克尔：我并不认为，每个监管环境下的一切都一模一样，或者所有国家的监管都一模一样。

汤姆：我的一些脸书好友生活在世界各地——澳大利亚、越南等。很遗憾，他们和我一样意识到，你能管理的大部分资产似乎都在美国。我们是一个非常富有的国家，有大量的资产、养老金计划，这些都需要在这里进行管理。我进入货币业务时，情况更好一些，因为当时美国对货币交易的监管会少一些。加拿大皇家银行（Royal Bank of Canada）、加拿大蒙特利尔银行（Bank of Montreal）、法国兴业银行（Soc. Gen in France）不在美国，但也要应对美国的监管。

你肯定是需要探索不同的环境的，毕竟你经营企业的方式全都取决于各地的规章制度。政府和客户限制着资金经理及其日常管理投资组合的能力，所以这都会在一定程度上影响你的成功。如果你的客户和当地的规章不允许你购买橙汁期货，那么橙汁就不能纳入到你的投资组合中。就是这么简单的道理。这也的确会影响到你的收益。这一点你必须得好好考虑。

迈克尔：咱们换个话题吧。我喜欢给你换话题，怎么样？

汤姆：当然可以。所以我才喜欢你的采访嘛。我永远猜不到我们俩谈话的走向。

迈克尔：你会修补当前的系统吗？你如何判断自己面对的是正常的回撤，还是"怎么跌成这样，这个系统坏了吧！"？

汤姆：目前，我的期货交易用的买卖触发器（buy and sell triggers）还是我大概在1984年创造的，当时我好像就在用它。

迈克尔：这也太古老、太久远了吧。还能用吗？汤姆，它们肯定不好用了吧。你得让它们下岗了！

汤姆：其实还是一样的。唯一的区别在于，以前我是在图表纸上用触发器，但现在我用的是电脑。以前可没有现在这些花哨的颜色和各种各样的数据，所以现在用起来更容易一些。

迈克尔：所以图表纸会把你用时 12 分钟拖到半个小时？

汤姆：我以前会花大概一个小时的时间来操作期货组合。我的人生目标其实就是让自己"失业"，这样我就能有更多时间打高尔夫，做其他事情了。

迈克尔：懂了，看样子你是不会修补系统的。

汤姆：也不是，我的确会做一些改进。举个例子，以前没有 ETF，当年，我做共同基金交易，会找无佣金基金做尾盘买卖，因为这是共同基金的特征。

等到 ETF 问世并能全天连续交易后，我就可以开始考虑止损订单和盘中执行的问题。对我而言，这能将隔夜缺口风险降到最低，因此，这对我的投资组合来说是一桩好事。

我不愿称之为必要微调，这不过就是审视可能出现在投资组合中的各种新产品而已。我可能会为了尝试实际交易这些新产品而做些小改动，但我不会对过去已有的系统做大幅调整。

迈克尔：那出现回撤怎么办？如果下跌有趋于陡峭的迹象，你怎样获悉形势的发展状况呢？

汤姆：这就是我们之前谈到的情况分析。你要用你的策略想清楚："如果一切顺利，那么在这类市场条件下，就会发生情况 A；如果进展不顺，就会发生情况 B；如果这个月或者这半年都按预期发展，就会出现情况 C。"

如果你真能深思熟虑到这个层面，那就可以就下跌的趋势问问自己："当前交易的市场有哪些？你的投资组合目前是什么状态？市场为你提供了哪些市场行为？"对于这些，你无能为力。

涨跌起伏你说了不算，是市场大环境让你暗自神伤的。

接着，你可以问问自己："鉴于这些情况，你的本来预期和你目前所见是否有任何不同？"如果答案是有不同，那你就得承认自己的策略有问题，就需要做些调整。你要做些功课，找出你的本来预期和实际情况之间的区别。

但如果你的回答是"这是个异常动荡的时期，市场出现了巨大波动导致我的策略无法正常运转，所以对于下跌的趋势，我也有所预期"，那么系统就没问题，就不用修补。

迈克尔：很直接。

汤姆：这就是我的看法。

迈克尔：吉姆·拜尔斯有个问题。他很好奇，你擅长单一系统，还是多个系统？

汤姆：多个系统。我在 TrendStat 经营旗舰基金 Market Math 时，我们在该基金中有六种不同的投资组合，有大宗商品期权交易，有两种不同的货币交易方法、两种不同的期货交易方法，还有一种共同基金择时方法。那款共同基金择时里甚至还有两个不同的子类，其中一个期货交易中可能会有好几个子类。在某种程度上，这些都属于趋势跟踪，但交易方法不尽相同。

迈克尔：归根结底，它们都是趋势跟踪，但方法不同。

汤姆：是的，我会根据市场类型、想实现的目标以及特定投资组合承担的风险大小来区分它们。有的策略，尤其是那种，比方说，可信度在 28% 的策略，亏损占比要更大一些。因为它的可信度在 28%，所以数学上表明，若有赢利，赢利就会更大；若有亏损，亏损也会更大。

其他的策略则更多是"只要捕捉到每一次中等幅度的起伏就好了，不用担心大的起伏，我们会有对策的。就算腹背受敌，遭受损失，又有何惧？隔壁赚大钱的策略会收获巨大的收益，我们会全身而退的"。我们对这些交易策略持不同的态度。有的客户会挑选策略，说："我喜欢这个，不喜欢那个。"

如果你研究 Market Math，就会知道它是由我来决定如何分配的。我们对策略的分配以及每种策略我们想要的风险敞口进行了大量的研究，然后我们每个月都会重新平衡风险敞口至设定点。这是一种罗宾汉式的策略——劫富济贫的策略。无论下跌的是什么，爆炸性上涨的是什么，随着交易资金的疯狂涌入，我们依然能有所收益。它让一切四平八稳，也让我们保持良好且平稳的业绩。

迈克尔：我们处在一种有趣的经济环境中。不论你支持哪一方，都能听到影响经济走势的政治辩论。有的人想让政府加大介入，有的则想让政府减少参与。我知道你的立场，我们的观点可能也非常相似。

能否从你的角度，谈谈市场的发展、政府的发展，尤其是美联储的介入，为那些不如你经验丰富的人分析一番呢？你对当前美联储的行动有什么看法？依我看，我们迈入了一个勇敢无畏的新领域。是不是？还是说近几十年来有些情况都差不多？

汤姆：好，我先不谈美联储，我先谈谈比美联储更宏观的东西，因为这些日子，社会整体上似乎在下滑。而美联储的表现则是不想亲自担责。你就得担起责任，例如，你要去越南做演讲，引导你播客里的一家企业走向成功。

我觉得这需要付出大量的辛劳和勇气。但那些每晚坐在电视机前的普通人，他们会拿到某种政府补贴，或者失业补助，第二天就不出去找工作了，或者会说："明天有点冷啊，我还是待在家里吧。"我想，久而久之，他们就会渐渐觉得，政府和大企业会照顾他们这些小人物。

奇怪的是，这些小人物也接受政府这么做，毕竟这条路好走些，不像你我走过的路，艰难曲折。不担责其实很容易。"我如今的日子过成这个样子都是别人的错。"说出这种话并不难。美联储好像在说："入不敷出的政府让我们的经济负担过重。我们的实际债务高达 17 万亿美元，无资金准备的负债高达 100 万亿美元，共计 117 万亿美元。而我们国内生产总值每年只有 15 万亿或 16 万亿美元，所以要多年 100% 的国内生产总值总量才能抵消这一巨额债务。"这绝非成功的良方。我也想不出经济学家要如何对此做出合理的解释，虽然凯恩斯学派（keynesian）似乎在努力尝试。

其实，美联储的意思是："我们还有其他选择吗？"如果股市崩盘，如果大宗商品价格飙升，如果通胀有增无减，如果出现经济萧条，不论何种情况，都会非常糟糕。我讨厌消极处世，所以我们努力看向积极的一面，说："好，我们来看看能否持续注资，让它维持下去。"

也许久而久之，会有某个人施展妙计，带大家摆脱困境，但当前的形势太过严峻。到目前为止，美联储已经动用了太多各种各样的工具，但我觉得他们已经黔驴技穷了。我不知道如果情况变糟，他们未来还能采取什么行动。我会对交易持非常谨慎的态度。我也会像你一样，看看其他国家，在力所能及的范围内保持交易的国际多元化，尽己所能保护自己，因为我觉得未来的形势会挺精彩。

迈克尔：有的人会说："为什么汤姆持这样的观点？""为什么迈克尔·科维尔对市场有这种看法？谁在乎呀？"可形势如此不同寻常。不管你做什么交易，如果你对公共政策没有看法，我就会怀疑你是不是有什么问题。我不是在说你，汤姆，但是外界的形势如此异乎寻常，如果你没有看法，我反倒会害怕了。

汤姆：一路走来，让我感触最深的一件事就是我在听他人讲话时，能分清事实和观点，并在脑海中做出标记。在读《华尔街日报》上的一篇文章时，某位嘉宾说："我是这样认为的，市场的走势会是那样，这就是我的预测。"我就会标记出来，说："不错，挺有意思，但这只是个观点。"汤姆说了什么，或者迈克尔说了什么，这都只是他们的观点罢了。

但是，如果我说"市场今日收盘报点183.76"或者别的什么数字，这就是实实在在的数据点，是事实。这不是我的观点，是个数字。我觉得，一旦你能把事实与数字和他人的观点分清，那么整个交易世界就会更为明朗。我心里可以认为，世界末日即将来临，明年情况会相当糟糕，但我依然会在市场上做多头。我真的是别无选择。

我的意思是，在美联储向金融系统注入大量资金致使美元贬值的情况下，你还能把钱投到哪儿，还能怎样保有一定的价值？可能你最后就赚个 10%、20%，仅仅为了保有自己的购买力，这是个相当艰巨的任务。

迈克尔：形势确实怪异，但我非常喜欢聆听你的洞见，我知道听众也一样。

旅游、政治与灾难性事件

第 306 期　2015 年 1 月 1 日

迈克尔：最近怎么样？

汤姆：很不错。我刚从法属波利尼西亚回来，在那待了两周，非常惬意。我刚刚还在院子里搬了足足 5 吨的碎石，现在你来了，我歇会儿，等会儿再接着搬。

迈克尔：毫不夸张地说，搬 5 吨碎石真是个绝佳的锻炼机会。

汤姆：我也这么认为。

迈克尔：法属波利尼西亚？虽然我去过那个地区，但我没到过那儿。那儿离我之前在东南亚待的地方大概有 10 小时的行程。

汤姆：差不多。它位于南半球，离新西兰不远，位置相当靠南。不过现在那里是夏季，26 度多，比较潮湿，夏天很像越南。

迈克尔：你能适应那里的生活吗？

汤姆：别无选择之下，我还是能勉强适应的。但我真的很喜欢亚利桑那州。那里有我所热爱的一切——山川、平静与安宁、美丽的树木。山谷中还有沙漠。凤凰城还有好多活动——音乐会、戏剧，有很多能做的事。两地只需一个半小时的车程便能到达，我通通都能享受到。

迈克尔：咱们来聊聊关于交易的话题吧。我在新闻头条中看到，有些对冲基金今年的收益并不高。很多人都在抱怨油价。这还挺滑稽的。我本来以为："油价跌了，大家都该高兴啊。"很明显，世界各地的很多预算和社会福利项目都与高油价挂钩，所以一大堆人不乐意了。但是，嘿，这是个零和游戏，也有相当多的人表示喜闻乐见。

想到半年前没几个人会认为油价会下跌一半，就觉得有趣。当时压根就没人预测到这一点，但有一种交易策略似乎在这段无法预测的走势中表现得异常出色。

汤姆：是的，就是趋势跟踪。你要做的就是在90、100左右的某个点做空，然后享受这段旅程。

迈克尔：听着倒是简单。我看石油输出国组织（OPEC）负责人说："现今的油价是所有投机者的功劳。"我就说："打住，哪次油价没有投机者参与？"

汤姆：每次价格波动，他们都会参与其中。原因在于他们会对价格产生影响。没有投机者、没有持续不断的买卖，我们就不会知道每秒的油价具体是多少。如果是大型公司或大型套保者做交易，我们可能会知道每天，甚至是每小时的油价，可这样的话，市场会非常低效、混乱。

有了投机者，我们就可以随时做交易，能够准确知道每秒的油价。

迈克尔：我知道你本人不太会思考这些事情，因为你经历过、做过这类交易，所以你心里对此非常了解。但在新闻头条里，石油输出国组织负责人说，油价不合理、基本面无法支撑这一价格、这一特定的价格点应归咎于投机者，请你向听众解释一下这样的说辞有多虚伪。

汤姆：虚伪的点就在于任何事物的价格都是买卖双方达成一致的结果。如果某位投机者愿意卖出并压低价格，得有另一个人愿意买入才能实现这笔交易。买入的那位可能也是个投机者。如果交易的两端都是投机者，那他们怎么可能把价格拉低呢？也可能是一种对冲。比方说，西南航空（Southwest Airlines）就曾在自以为油价便宜的时候介入并购买油气。也许他们现在也是这么认为的，所以投机者可能出售给了西南航空，他们在对冲未来的燃料成本。

这倒也合情合理。接下来，油价继续走低。西南航空就会购买更多的未来廉价燃油。当油价飙升到100时，没人会抱怨，尤其是石油输出国组织当下的投机者和油价高时的投机者是同一类人。投机者不光会做空市场，他们也会做多。公关部门企图将责任推卸到他们身上，公关部得安抚本国人民，毕竟沙特阿拉伯高度依赖石油，挪威也是。我想，在依赖石油发展经济的国家中，挪威有一些社会主义的探索。在某种程度上，巴西和委内瑞拉也是。

所有依赖自由社会主义项目并使用石油收入偿付这些项目的国家，其收入今非昔比，所以他们就得找人担责。他们不会责怪自己建立了一个一戳就破的"教派"，可惜，这大概就是当今世界运作的方式。

迈克尔：我周末在迪拜。你刚才提到油价高时没人抱怨，我知道他们为什么不抱怨。我亲眼见证了他们用石油带来的真金白银建造出的东西。他们把城市建得太好了。我不知道自己是否愿意生活在那儿，但他们的城市真的很漂亮。

汤姆：我看到你在脸书上发的照片了，真挺惊艳的。

迈克尔：我们来简单聊聊你的胃口吧。我觉得汤姆·巴索的胃口对每个人——无论是专业人士、新手交易员还是新手投资者都不失为有用的提醒。如果你不介意的话，我们还可以聊聊欣喜若狂和狼狈不堪。

大家都会有情绪激动、欣喜若狂的时候——"我的天哪，我赚了这么多钱！"，也会有"我赔了，太狼狈了！"的时候。

汤姆：首先，据我判断，我的胃口到目前为止都还不错。我也从没得过胃溃疡之类的疾病，我猜运气也是因素之一。在我早年的交易生涯中，有几笔失败的白银交易，确实时刻都让我提心吊胆。

但那次见闻也让我意识到，必须要坚持趋势跟踪，要守住头寸，只需要管理头寸规模就好。我所做的就是想办法调整波动性，并在交易过程中大胆调整头寸，这样一切就会变得相对温和，胃口也不会受到影响。没什么值得欣喜若狂的，因为每一天都差不多。

在我的人生中，早年的交易失误和交易情形着实会让我的胃不舒服，而上述便是我吸取的经验教训。但当我到了 TrendStat，大部分交易都实现了自动化，可以自动执行。当时，唯一能影响我胃口的就是停电、断网，或是程序不能正常运转。但市场肯定不会再影响到我了。

迈克尔：你谈到自己会在脑海中演绎灾难性事件。要是你的头寸有问题，你也会进行演绎。如果你持有多头头寸且不调整，油价下跌一半，这就是个灾难性事件。我还记得范·撒普的一条评论，他提到有一次接到你的电话，你说前一天出现了灾难性事件，你没法接电话，所以就没和范聊天。但他说，其实你那天是在演绎灾难性事件。

你甚至年轻的时候就在思考："我该如何为灾难性事件做准备呢？我该如何未雨绸缪呢？"因为生活中常常会发生一些意想不到的事情。

汤姆：是的。我惊讶于很多 CTA 和其他专业交易员都没有为灾难性事件做好准备。每年至少有一天，我会称之为"灾难日"，我也会提前告诉大家。公司里每个人都得知道要做什么准备，我还会对大家提出一点额外的要求。我们把公司的某一部分转移到异地，以另一种模式运营。我们在另一处办公，但会有一部分人留在原公司，接听客户电话、处理常规业务。我不想让灾难日演习影响到客户的预约或是沟通事宜。

范的那场会议，也不是非得参加，所以我就推了。灾难日演习需要投入大量的精力，特别是你要操作备份设备，它要比你的主设备难用一些。所以，当务之急是顺利完成演习。

我们那一整天的工作就是把数据转移至备用设施上，然后从备用设施下订单。我们会尝试用备用设施呼叫我们的交易部门、查看程序，确保我们拥有操作所需的所有 Word 文档和 Excel 表格。

通常，演习的目的就是找出我们自上次执行灾难备份以来，遗漏或更改的事项，进而完善、改进我们的操作。我发现很多 CTA 只会进行一次操作，要是手机坏了或是网络崩了，他们压根不知道会发生什么，这让我很惊讶。

有很多不同的情况值得演习。如果你真的演习过其中一些，并告诉交易伙伴你演习过，他们往往会非常欣喜地和你共同开发紧急情况下的操作方式，因为他们那边也有同样的问题。他们希望你有能力处理好这些状况，有时他们还会让你交易他们的资金，因此你在努力成为一个优秀的合作伙伴。

不光如此，我们在人生的诸多方面也可以这样做，可是却有那么多人任由生活摆布，这让我惊讶不已。他们得顶着重重压力，而不会说："我要是这么做，就会出现某某情况；若情况有变，那我就执行备选方案。"若能未雨绸缪、提前规划、做些演绎，你就会有很多应对的办法，等真正出状况时，也就不会感到压力重重了。

迈克尔：不过，那些灾难性事件也不一定只限于你刚才描述的那种情况。你的投资组合、你的交易策略也会面临危机。

汤姆：当然了。从某种程度上讲，我目睹的最大灾难可能就是老布什当政期间美国攻打伊拉克了，当时我们从科威特调兵，增援美驻军，进军伊拉克。当年，我记得收盘的时候油价是每桶32 美元，我们买进，到晚上 8 点，TrendStat 的电脑出了点问题，我便待到很晚。晚上 8 点左右，我留下来修电脑，当时距离收盘已经过了 6 个多小时了，油价涨到了每桶 40 美元，美军就要进军伊拉克了。于是我想"油价行情应该不错"，然后就去睡觉了。结果第二天回到公司，我发现油价跌到了每桶 22 美元，我们被止损出局了，赔了一大笔钱。我记得那天我们损失了整个投资组合的 5%~6%，时至今日，那都是我在期货市场交易中经历的单日最大损失。

我们之后又赚回来了。两三个月后我们又达到了新高。所以这倒不是什么大事，但一天损失 6%，还是挺惊险的。这倒也不是什么异乎寻常的事，毕竟我们见证了市场的表现。那天真的很糟糕，但是我们从 6% 的损失中恢复了过来。我们不算损失惨重，而且我们也妥善管理了头寸。当时真是跌宕起伏，所以我们把头寸调整到最小。油价跌到 22 美元时，就因为波动起伏太大了，很多账户的头寸都折在里面了。但我们及时止损，所有头寸及时退市。正如我所言，人生还是很美好的。不久之后，我们就回归到新高。

迈克尔：听起来简单，但我想对多数人来说，简单的故事也会晦涩难懂。所以你想表达的要点就是："嘿，看呐，我们得有筹码才能博弈。我们没那么狂妄自大，知道接下来会发生什么，所以倘若市场走势于我们不利，我们就得承担损失、退出，改天回来，接着拼一把。"

汤姆：总结到位，就是如此。重点是你要如何进行接下来的1000笔、2000笔、10000笔交易？都是统计问题。任何交易不是赚就是赔。

迈克尔：每一种媒体（当然，媒体与趋势跟踪交易无关），无论是纸媒、广播、线上还是电视，都在谈当天的交易。但对于趋势跟踪，你需要着眼于大局，镇定自若、气定神闲地说："嘿，别急，我关心的不是这一笔交易。我关心的是未来那1000笔交易。我关注的点在那儿呢。"

汤姆：范·撒普以前说过这样一句话，我记得很清楚。他说："交易员的吉日良辰便是依策略行事。"换言之就是，努力完成接下来的1000笔交易，反复做该做的事。今天是赚是赔并不重要，重要的是你今天是否依你的策略行事了，是否能按照策略进行下一组本该进行的交易。当你进入这一模式，交易就没那么惊险了。你的胃口也会好很多，成功的概率也会更大一些。

迈克尔：你上推特，也上脸书，也受邀参加过很多采访，你与人保持联系并明显乐在其中。从你的采访中我们可以明显感觉到你有着明确的政治观点，我倒不是好奇你的政治观点，因为我知道也认同你的很多看法。但我想，对某些人而言，他们听到你的政治观点后会感到很困惑。

他们会说："汤姆还挺有想法的。"他们也可能出于某种原因认为，你的交易和你的政治观点唇齿相依，但其实不然。

汤姆：哦，完全不是。我的政治观点与我对交易的看法有不谋而合之处，即交易员要想成功，就要承担自己的责任。如果你责怪交易大厅的人搞砸了你的交易，或是责备经纪人给你提了错误的建议，那你注定会失败。你得自己担起责任来，对自己敲定的事负责。政界却不是如此，时时刻刻都有人在推卸责任。出了事，总统指责国会，国会指责总统，大家互相推诿。

他们没有反思自己，扪心自问："是不是我自己的问题？"我的很多政治观点都源自这种看法，但这着实和我的交易无关。我的交易纯粹就是数学计算。如果走势看涨，我就做多；如果走势下跌，我就做空。情况就是这样。

迈克尔：今年秋天我采访过几位交易员，都是目前管理着数十亿美元基金的 CTA。他们来到节目上说："嘿，我们是受价格驱动的，百分百系统化。这就是我们在做的事。"然后我会收到听众的邮件，其中写道："不，科维尔，你不懂。有秘密的基本面操作，幕后是有人为操纵的！"我觉得这相当滑稽，很多和你一样的趋势跟踪者会站出来说："这就是我们在做的事，不涉及基本面。"但大众依然觉得："错了，科维尔，这背后肯定有人在裁定这种秘密武器，只是你不知道罢了，而且你没有抓住要点。你没有意识到。其实汤姆也有一大群在幕后操盘基本面的员工。"

汤姆：没时间了。我今天下午就得把那 5 吨碎石给挪走。我觉得这归根到底，是因为人们愿意把事情复杂化。很多交易员起步之时，会做什么呢？他们会如饥似渴地读科维尔的书，会手不释卷地看施瓦格的书，会收获大量有关各种不同交易方法的观点——基本面和技术性的都有，然后就是学些通用的东西，像是艾略特波浪理论（Elliott Wave）和斐波那契数列（Fibonacci）。于是这位可怜的交易员在起步之初关注的全是这些，却不知下一步如何是好。人们总想把在市场上赚钱这么重要的事弄得非常复杂。就好像大家都是这么想的："汤姆在这一行都待了好多年了，所以他才如此有经验，如此成功。"

但事实却是，简单的才是最好的。施瓦格就曾这样形容："这是自由度的问题。"换言之，你先从简单的移动平均线开始："如果移动处在正确的阶段，我就只做移动平均线上的买入信号。"然后你再加要求，比如只在开盘时做买入信号，一天中的其他时间都不做，必须满足这些标准你才去做。你开始添加一个又一个筛选条件，很快，你就交易不了了。你会坐在那儿看着这些东西。首先，你会很困惑，因为你那可怜的小脑瓜没法处理所有的信息。其次，你会错失交易机会，因为你根本无法运作。这项交易本身被你弄得太复杂了。

你坐在那儿看着市场行情，希望能做笔交易赚笔钱。但说实话，简单的东西才坚不可摧。就因为它们实在是太简单了，根本没什么失败的可能。除了价格，没什么能挫败它们。价格催生利润，也催生亏损，所以，如果你所有的策略都锁定在价格上，那便是锁定在一个会一对一直接影响利润和亏损的变量上。你就永远不会脱节。

如果你在研究利率，想预测股市指数，那你会遇到两个不同的变量。利率可能与股市一致，也可能不一致，我们也可能在某处被横盘套牢。但如果你在研究股票指数价格，在买卖股票指数，那就是一对一的。你是赚是赔都取决于股指走势，因此，你永远都不会陷入混乱。你永远都会和市场同步，不必为此倍感压力。

迈克尔：你提到交易员要面对大量的信息，对各种不同的策略也半信半疑，你还提到艾略特波浪理论和斐波那契数列。在我还是新手想要了解一切之时，我发现面对这些策略时有一个卓有成效的方法——并不是对汤姆的话深信不疑，而是研究业绩数据。在技术领域的所有策略中，我没有找到任何一个策略能让如此多的参与者每个月公开业绩数据，以便比较业绩数据和找寻其中的相关性。但我最终在趋势跟踪中找到了，我惊叹道："趋势跟踪的所有参与者似乎在做类似的事！这正合我心意。我发现了一条对我来说很有用的信息。"而且我发现，也没有任何技术性策略能提供如此庞大的数据，只有趋势跟踪可以。

汤姆：说得没错。你也会发现，趋势跟踪者们同时也会亏损。我做过研究，我先收集了不同的大宗商品市场一个月内的平均波动率和高低区间价格波幅，然后考察了 CTA 在该月的总体表现。我发现它们之间存在直接的关联。波动较大的月份会使得 CTA 利润较高，而波动较小的月份会使得 CTA 利润较低，甚至出现亏损。

对此，我也表示理解，如果人们真的在做趋势跟踪，就会希望市场能走得长远些。如果你只守着一笔头寸，价格不变动的话你是赚不到钱的。这是一项简单的研究，结果也很简单，结果的关联性和我想象的完全一样。

所以这是说得通的，对吧？如果价格有变，趋势跟踪者就能赚到钱。

迈克尔：我惊讶于，有那么多的交易员相信某种策略，但却找不到哪位市场参与者实际使用过它。他们完全自己决定："我有了这个新颖的策略。"他们肯定这样想："我觉得它更有价值，因为只有我在用。"我却觉得："等等，我想看看在我之前有没有其他聪明人用过它。"

汤姆：这样想就很好啊。我不能说趋势跟踪是市场上唯一可能赚钱的方式，但它绝对是历经多年、经无数前人反复验证过的方式。它必然是一种合理的处事方式，能避免你频繁蒙受损失。

迈克尔：我还有几个问题要问你，然后就放你去搬碎石。你去搬碎石，我就去做瑜伽。看看咱俩谁出汗多！

人们丰衣足食时，总想把钱交给资金经理来打理，这是人之常情。但我觉得，你曾做过的一项研究指出，现实和人们所想的还是略有不同。

汤姆：我发现，价格变动才会让趋势跟踪者赢利。而他们赢利就意味着资金曲线渐入佳境，而这种趋势可能会持续数月之久。也许趋势跟踪者们正风生水起之际，全世界的钱都会涌入他们的腰包。而当这种趋势在市场上停止时，趋势跟踪者们就会出现横盘或下跌，接着跌到最低点，跌到资金曲线的谷底，此时的市场出现横盘走势，即将发生暴涨或暴跌等情况。市场在积攒压力，等待爆发，而在下一次大涨之前就是人们撤资之际。

我对比了 CTA 的时间加权收益和美元加权收益。时间加权收益就是 CTA 的工作，你把资金全权交给他们负责，这是 CTA 运用策略收获的回报；美元加权收益考虑的则是客户在特定时间将资金交给 CTA，又在另一时间取走。

但时间加权收益总是高于美元加权收益。所以，其实是客户致使 CTA 在全行业的业绩表现都很低迷。

迈克尔：我发现很有趣的一点，就是对于成功的趋势跟踪交易而言，其诸多方面都涵盖了对于行为经济学和行为金融学的理解、如何应对趋势以及运用试探法进行交易。早在它成为热门话题之前，早在颁发诺贝尔奖之前，就已经有一群交易员，以一种洞察了未来几十年所有学术研究的方式进行交易。

汤姆：海龟交易。

迈克尔：很多都是你的同龄人，这很有意思。

汤姆：假设说，原油价格下跌，它怎么下跌的、为什么下跌，这都不是汤姆该弄清的事，它单纯就是跌了而已。如果你有得选，今天你想如何设置头寸？你是情愿陷入跌幅之中，还是绝不抛售，并说："跌了就跌了，没准会从这儿涨回去。"对我而言，如果走势下跌，我就只想做空；如果走势回转，向另一个方向发展，我就做多。我真的不想思虑太多，我还有其他的事情要考虑呢。

市场上满是用基本面或对冲来做决策的交易员，而我认为这便是对这样的市场行为做出的反应。而这些加总就催生了那个价格的上涨或下跌。所以它是市场所有类似行为和决策的因变量。

我只是知道了价格然后顺其自然。除此之外，我不会再多想。

迈克尔：人生短暂，你要找到享受时光、感受乐趣的方式，而不是整天坐在那里盯着屏幕聊交易。交易是机器运转过程中一个有用的副产品，但我看出来了，你对此并不在意。交易并非你的全部，你知道怎么做交易，但你不会被它定义。

汤姆：我知道怎么打高尔夫，但我不是非高尔夫不可，去高尔夫球场并不是个或生或死的决定。由于搭上了去塔希提的邮轮，我已经有大概 3 周半的时间没碰球杆了，但我依然在享受生活，我又不是到了那儿一下飞机就必须得打球。

我想很多人进入交易这一行，都沉迷于交易的赌博属性。但对我而言，不过就是管理自己的投资组合。我在交易方面花的时间越少，我就会有更多的时间搬碎石、和你聊天、修理后院、打高尔夫、去塔希提。很多人不愿意度假是因为他们害怕会错失市场行情。而我会带着电脑，每天用游轮上的卫星网络花个 10 分钟、20 分钟的时间了解市场趋势，没什么负担。

迈克尔：很多人在生活中也害怕会错失某些东西。我想这是现代社会的通病，尤其是那些媒体报道，把一切都建立在极其强烈的恐惧之上。

汤姆：我认为，如果他们根据"今天美联储做什么决定"来做自己的决策，那他们就会错失一些东西，因为他们盯着屏幕试图等待美联储在电视上播报决策。我是不会坐在电视机前的。如果美联储的决策会使得市场触及我的止损，我便执行止损。下午收盘的时候我得去看看是不是这样，等我们聊完后，我可能就得去查看一番。我不会守在那儿等着美联储决定是否发布它的报告。难道我要一整天都守在电脑前吗？这绝非我想要的品质生活。

迈克尔：不过，汤姆，你就不能听听美联储的决策，动用些额外的个人裁决来提升你的趋势跟踪业绩吗？

汤姆：不，我不能。因为不能，所以我不做。早年间，我充分研究了个人裁决叠加到任何趋势跟踪上的失败性。我确信自己的决定不会增添任何价值，所以为什么还要白费功夫呢？我基本上把我自己给"炒鱿鱼"了。

迈克尔：我很喜欢你的说法。和你聊天真是妙趣横生，因为你对自己的思维、流程、系统和机器都了如指掌，精细周密。但我知道有的人听你讲话会说："哦，汤姆不知道我们能改进他的工作，能让他的交易变得更好。"就像《无敌金刚》（*The Six Million Dollar Man*）里说的一样——我们能做得更好、更快、更强。

汤姆：可能吧。但大家要知道，我已经 62 岁了，退休了，在享受人生，所以我不想把这件事当成新的工作。要想改进我当前的工作内容，我当然有很多能做的事。我相信，如果我像以前在 TrendStat 一样有计算机程序员团队，那我很可能会把一些想法付诸实践。但耗费财力、精力就为了多赚额外几个百分点，不值当。这也不是我当前要做的事。

我避繁就简，维持较低水平的固定开销，还不用缴纳监管费用。我基本没有被起诉的可能，以前也是。我动用的就是一种低负债、易操作、符合我退休现状的投资策略，它合乎我的现状、我的财力以及我的专业水平。这是每位交易员都该努力做到的——审视自己、自己的财力和专业水平。要根据这些因素设定策略，不要根据汤姆、科维尔或是其他任何人的言论来设定策略。其他人做的事情都是为了他们自己，因为这样，他们就能毫不费力地反复尝试，并最终缔造成功。

要是你想模仿别人，你就永远也别想顺心顺意。你总会想与被模仿的那位做对比，或是企图做一些超过你自身专业水平或超出自身财力的事。但如果你是为自己设定策略，成功就会向你招手。

迈克尔：我总会收到年轻人的邮件，关于CTA领域、趋势跟踪领域哪里可以找到工作，他们想听听建议。他们问道："哪里会雇佣我呢？你对此有何高见？"我觉得，像海龟交易员这类的故事，会让人信以为真，以为它能被复刻。大家误以为："如果我能踏足这一行，就能重现这类传奇。"但我觉得，你对于如今的资金管理领域有着不同的看法。

要不你对此发表一下你的看法，给如今想做交易的年轻人们提点建议。或许提一些与过去20年、30年、40年来人们的看法不大相同的观点。或许从你的角度来看，情况已发生变化，应对的方式也会有所不同。

汤姆：很显然，我无法用20世纪七八十年代创立TrendStat的方式来解读当今的世界，我觉得那并非万灵的良策。无数的亿万级资金经理坐拥数不胜数的员工，我实在想不出他们的用人标准是什么，但我敢说，和他们中的大多数人相处都不会很轻松。

　　而且，由于监管加重，CTA 领域的业务成本也在增加。学习如何交易更为简单的办法就是做自己的交易员，并继续在你进军交易行业之前的任何领域（你的本职工作）持之以恒。尽量多攒钱，把你的投资组合越做越大，培养越来越多的交易专长。等到某天，你赚足了钱，看着那一笔笔成功的交易，说："我做交易赚的钱能赶上我当化学工程师赚的钱了（打个比方），或许我没必要再当化学工程师了。"然后你再转型，最终像我现在这样，做全职交易。

　　CTA 领域已经很难进了。在这一点上我还真挺迷茫的，部分原因在于我已经离开这一行 11 年之久了，但我也的确不太清楚你到底该怎么做。你肯定是需要注资或是能带来大量资产交易的合作伙伴，从而有资本雇佣至少 5 个员工，还要考虑各种电话系统、计算机、监管环境、所有的招股说明书——有的招股说明书会让你在诉讼费用上顷刻间花费 5 万甚至 10 万美元。对于一个在车库里操盘的普通人而言，这着实是一场相当残酷的博弈。

　　迈克尔：但这并不能改变一个事实，即如果你想做交易，那就用你自己的钱，或是你的朋友、你的家人的钱做交易，机会多的是。我并不是说，交易这一行很难进，而是说资金管理更难一些。

　　汤姆：现在资金管理很难，CTA 的业务也不容易。用自己的资金做交易不受监管，日常开支也很低。以前，做资金经理，你可以协商自己的佣金，散户得支付更高的经纪佣金。现在，人人都要缴纳经纪佣金。所以，如今的交易几乎没有成本可言。你作为小小的操盘手，其实可以做一些大公司做不到的事。相比过去，我现在的资金规模小很多，所以我没什么可担心的。我可以进入到从前很少参与的市场中。

我认为，作为交易员，你得审视自己："你想去做 CTA 是因为你想学专业知识吗？"行吧，但万一他们并不专业呢？假设你当年在约翰·亨利（John Henry）那儿任职，他一直以 40% 的跌幅左右波动。是，他确实做亿万级的交易。但我不觉得他做的事对我而言有多大的意义。因为他的杠杆更大，所以它必然会导致大涨大跌。也许给这类人打工的你，会从这种交易方式中养成些不好的习惯。

给别人打工、学他们的技能，并非灵丹妙药。我觉得自学成为一位成功的交易员会更好，也许这样你就能达成所愿。你得想方设法找更多资金做交易，这也就意味着，你要加倍努力，打双份工，或许可以读个学位谋求晋升机会，或者在职场上步步登高，这样你就有更多的资金做交易了。

迈克尔：我想很多人都梦想着、幻想着有灵丹妙药，但实际上并没有。

汤姆：是的，没有。成为交易员，达到我当前的水平，给自己的账户做交易，靠交易所得享受人生——这绝非易事，不论你从何处起步。除非你有巨额遗产，全世界的钱都在你的腰包，那你就容易转型了。但如果你像我当年一般，作为一名大学毕业生，干着化学工程师的工作，净资产为零，甚至还背着 4000 美元的学生贷款，那我觉得你就得想好，不论你要走哪条路，都不会是坦途。

成也科技，败也科技

第 700 期　2018 年 10 月 8 日

迈克尔：谈到科技，你和我讲过："天哪，以前得自己出资 100 万美元才能造出的计算机交易系统，现在花几千美元就能搞定。"这引出了最重要的话题——个体，也就是人。

为什么个体，也就是人会如此重要呢？我知道这始于信念，我们要对事物的运作方式秉持信念。能否谈谈你对信念的看法？你最重要的一些信念是怎样形成的？

汤姆：要我说，信念左右交易界，甚至左右现实生活的基础在于：你的信念会成为现实。如果你相信有人在操纵市场价格，你就会找到各种各样的理由认为市场被人操纵着。如果你认为市场不过是买卖双方聚集之地、价格起伏不定，那你就会创建一些趋势跟踪模型，追随价格变动。除此之外，没什么可担心的。

假设我去打高尔夫，如果我深信自己打不好下一杆，那我下一杆真就打不好。我研究交易策略并努力削减每日工作成本时，我的信念就是技术会持续进步。很快，以前花费 100 万美元的技术就会降到 200 美元。其成本只会越来越低，速度只会越来快，硬盘内存只会越来越大。一切都在云端，服务器会帮你完成一切。我们生活在一个令人惊叹的世界中，万事万物皆能存储让我倍感着迷。真是太有趣了。

迈克尔：技术的价格一降再降，但这并非全部。现在，试想你走进家得宝[①]。"好，这儿可以买把锤子。但就算我买了锤子，它也不会建出一间房子。"我得懂得如何使用它，我得知道怎么用它才能从中获得价值。

汤姆：完全正确。我在多年前做的很多研究更像是科学探索，即提出一个理论，运行大量数据，尝试以不同方式进行模拟，最后弄清楚："我从中有何收获？"于是，它就成为一项丰富的交易策略中又一点睛之笔。这一策略涵盖方方面面，从买卖引擎、头寸管理到全面投资组合管理、多元化、投资组合筛选以及交易的心理因素等，最终把所有这些内容结合起来，从而赢得交易。

我认为这就和奥运健儿一样，他们会注重营养、锻炼和心理培训等各个方面，力求保持最好的状态。如果你相信你能比今天的自己做得更好，那你就能更优秀。你会在锻炼和饮食上下功夫。

我知道你特别喜欢瑜伽，也是很多体育运动的铁杆粉丝，你也一直保持着良好的身材。你都能倒立，我可做不到。我觉得这

---

① 美国家具建材零售商。——编者注

是交易界的人有时会忽略的点。他们太注重系统、数字、买卖引擎，而忽略了其他那些围绕买卖引擎的深奥的道理，但恰恰是这些额外之物才能构成一个真正优秀的交易策略。

迈克尔：我在听你讲话的时候，就在想："天哪，这个人设计出一套系统，不仅仅是交易的系统，还是自我认知的系统。"你似乎很擅长对镜内省，不让自己被表象迷惑。

倒不是要你对此骄傲的意思，毕竟谁都不是完美无瑕的存在，但你是如何开发出这套个人自我认知系统的呢？你从不找借口，担下所有的责任。当你看向镜中的自己时，你会很有自知之明吗？

汤姆：这是个好问题。我上高二的时候（我记得很清楚），我要做一份读书报告。我当时很害羞，胆子特别小。哪怕班里只有 20 个人，很多还都是我的好友，我都没有信心站到全班面前，做个无关紧要的读书报告。我听说有些人会对着镜子练习演讲，于是我关上了卫生间的门，站在镜子前，开始对镜演讲。我努力让自己看起来状态更好一些，还真起效了。这帮我完成了那次演讲，让我挺了过来。

我的观察者自我也由此而生，之后等我进入工程学领域，我便开始提高自我意识。我会阅读一些有关观察者自我的故事，其中提到，大脑中有一部分区域用于完成你当天的工作——会计、在计算机上处理代码等。大脑的另一部分区域就静静观察你的活动。当我发现自己能做到这一点时，我就开始实践，在电脑上贴一个便利贴，比方说，在上面写上"正念"，这样每次我看到这个便利贴，就会停下手头的工作，确保自己的观察者自我能回顾我刚刚的行为——"我的运行速度是过快还是过慢？""我是不是对自己的要求还不够？""我有没有分心？"诸如此类的问题，然后再回去工作。

我再看到便利贴时，就再回归观察者自我。像大多数的体育锻炼和习惯一样，它也是一种锻炼。久而久之，你会养成习惯，越做越多。很快，你的观察者自我就能时刻在线了，你也用不着便利贴了。

之后我猜想自己已经进入到这样一种境界，就是我能全天候、时时刻刻意识到自己在做什么。唯一意识不到的情况就是我自发地对一部电影或某项活动投入感情时，此时的我不再是做交易时那个更为理性、有逻辑的自我，而是快活尽兴的情绪化自我。我在开怀大笑，在自得其乐，在看恐怖片或科幻片，我正乐在其中。

这就是我从对镜审视，到便利贴提醒，到时刻保持观察者自我，再到更多正念锻炼的全过程。

迈克尔：你讲述了你人生中两个极端之间的平衡——你理性的一面和感性的一面。多年来，你一直活跃在社交媒体平台上，我知道你并未因此赚到一分一毫，但你的确成了很多人的导师，无数人喜欢听你的远见卓识、观你的行事方式。但鉴于你观察自我的能力，你肯定也会观察他人。你如今在浏览社交媒体时，是如何看待这种平衡的？你如何看待大家？你是否觉得有一部分人实现了这种平衡，还有一部分人还在为之努力，没法实现平衡？

你在过去的数年里，是如何在这个与陌生人联络的新平台上观察这么多人的？

汤姆： 我觉得很神奇的一点是，我从这一行退休 15 年了，可每天还是能从世界各地收到四五封邮件。脸书上也会收到很多留言。我有各种各样的脸书好友，推特粉丝破了 8000。这 15 年来，我只管理过我自己的资金，但我依然在努力地为每一位提问的朋友提供帮助。

我发现，社交媒体很有趣的一点在于，很多人都特别情绪化，不是好友的时候更甚。我这里是指真正的好友。咱俩认识很久了，所以算知根知底。但某位昨天刚关注我的新粉丝（我完全不认识这个人）有时就会对我发表的言论提出尖锐批评。每个人都有权发表观点，不论这个观点有多疯狂，这点我赞同。但我发现，这类人会对自以为的世界或政府的运作方式发表情绪化言论，这种现象在社交媒体上越来越频繁了。他们对自己的想法深信不疑，往往会对某一情况出现的其他可能性颇有成见。从营养到锻炼到政治，各种话题下的分裂局面层出不穷。你随便挑一个话题，都是如此。

我想试试空气炸锅，听说不用往里面放油就能炸东西。我在脸书上打开了一个空气炸锅的网页，看到有人贬低空气炸锅，有人却对它爱不释手。明明是一样的东西，大家的观点怎么就差那么多呢？他们的个人看法无可动摇。天哪，简直难以置信。社交媒体的可悲之处就在于它催生的这种分裂。

如果人们能怀着开放的心态各抒己见，以发人深省的提问探讨磋商，以多角度分析问题的哲思从正反两个方面看待问题，就不会催生分裂了。或许你可以试试能否从正反两方面发表看法。

迈克尔：人们似乎很难直言："这一层面确实更真实可信。我可以接受它，可以利用它，也可以摒弃它。"似乎很多人都处在灰色地带，因为或认同、或否定，都会使人们笼罩在惶恐不安的迷雾之中。好像大家越来越难做出明智的决定了。

我觉得我们还挺幸运的，因为我们并非网络原住民，所以我对与人交流互动仍保有深思熟虑的过程。我指的是那种真正的交流互动。然而，现在的很多年轻人只知道社交媒体，人都变成了虚拟的对象。和他们聊天的可能是真人，也可能不是。这就是他们的生活。也不知道现在的孩子会不会像你我当年一样被家长禁足。

汤姆：你说的太对了。真的，我那两个孩子，要是不在社交媒体上给他们发消息，我压根收不到回复；给他们打电话，就会转到语音信箱；给他们发邮件，过好几天才会回复。但在社交媒体上，如果我用脸书给他们发消息，有时不出一分钟就能收到回复。真是令人难以置信。

他们不跟人交流。我有个在亚利桑那州立大学读书的侄孙女，20岁左右，我看过她带着美甲刷手机，打字速度是我的三倍，而且一个字母不落。简直不可思议。

迈克尔：职业扑克选手安妮·杜克（Annie Duke）曾多次受邀出席我的播客。在职业扑克赛上，有一种情况叫"上头"（TILT），就是玩家会陷入消极的情绪状态中。他们会忘记打法，做出糟糕的决策。

能否回顾一下你人生中最"上头"的时刻？那种你着实要面对镜中的自己并说出以下这段话的时刻："老兄，现在我做的一切我都一清二楚，我知道我做得不对，我需要重新评估。我得停下，现在就得止损，得做出改变来。"

汤姆：我记得一个具体的例子。我们最初的业务是在圣路易斯开展的，当时我要离开圣路易斯，去我现在生活的亚利桑那州的凤凰城出差，搭乘当天下午环球航空公司飞离圣路易斯的航班。我记得当天我住在圣路易斯西南部的树林里。我喝了几杯清咖啡，装好了行李，确认公文包无误后，准备前往机场，于是我上了车。

我沿 44 号高速公路驶入市区，然后转到 270 号公路开往机场。我翻过一座山头，开始下山，这时我发现自己在观察周围的车辆，同时在寻找潜藏的测速仪。我惊讶地发现自己的手指几乎煞白，原来是我握方向盘握得太紧。我意识到自己可能超速了 15 迈或 20 迈。

想必是我摄入的咖啡因让我异常兴奋。飞机起飞前，我还要在机场待上一个半小时，然后才能登上航班享受服务。但我无缘无故让自己处于神经紧张的状态之下，我意识到是咖啡因模糊了我对我当下所作所为的意识和判断。于是，在那次去凤凰城的差旅中，我开始戒掉咖啡。从我 20 多岁到现在，我一直没碰过咖啡因。我偶尔会喝杯冰茶或类似的饮品，但基本上不再摄入咖啡因。

这是一场举足轻重的意识危机。我认识到，由于体内有一种让自己亢奋、时不时心跳加速的化学物质，我会失去自我意识。那一天意义非凡。等我出差归来，我便遁入一个永不消逝的平静世界。自此，我便一直生活在其中。

迈克尔：我很想听你聊聊日常。你应该有自己的日常。早年你在做基金经理。现在你也有特定日常。那么，你的日常是否有变化？你可能也有一些始终如一的日常，具体是哪些呢？你刚才提到了一个——戒咖啡。这些年来，哪些日常对你而言特别有意义？

汤姆：交易员要视自己为运动员。别指望自己还能出去和朋友喝到深夜或凌晨两点，仅靠小睡一会儿，就能骤然走入压力重重的环境中忙碌一整天。只要你想，交易的氛围绝对可以相当紧张。我在经营 TrendStat 时，手下有 10 名员工，每个人都有疑问。有的问我这个，有的问我那个，或者这儿该怎么做，那儿该怎么做。

我做的决定会让项目完成得更及时、更顺利；但如果我搞砸了，结果可能正相反。所以，这种执行决策的压力一直存在。我认为，清空思绪、保持体魄强健，努力向运动员靠拢，也能使思维敏锐。这是我人生中一直在坚持的一项日常。

出差时，我会选择配备有健身器材的酒店。这就是一个我持之以恒的重要习惯。睡眠也极其重要。我身高 192 厘米，我弟弟（198 厘米）和我的个头都特别高。我想我们长到这么高，身体一定耗能很多。所以这就教会我们要让身体休息、恢复活力，因为我们长得太快了。

　　这也延续到我大学的篮球运动中。如果你打快攻篮球赛，赛后，你的肾上腺素逐渐下降，整个身体会变得疲惫不堪。你都不需要摇篮曲，直接就能进入梦乡。

　　之后我步入社会，在当化学工程师的同时，尝试创立了一家资金管理公司、攻读 MBA、设计定制房屋、学习景观设计，做着各种各样的事。睡眠时间几乎所剩无几，但当我有时间睡觉时，我会睡上七八个小时，徜徉梦境，与世隔绝。这种状态一直持续到企业成立。我离开了化学工程师的岗位。现在，我周游世界，时不时就得倒时差，但我仍然能睡个好觉。

　　我想，这是因为我这一生都很幸运，各种情况下我都能睡足 8 个小时，有时甚至 9 个小时。我觉得大脑需要把死亡的脑细胞排出，再换上新细胞。

　　我读过一本有关神经细胞形成的书，讲的是脑细胞的生成。里面就提到，大脑在深度睡眠期是如何"推陈""出新"的。

迈克尔：我们来谈谈失败吧。失败不是什么难以启齿的事，对吧？

汤姆：是的，我觉得失败发人深省。这就好比，你赢得了一场高尔夫锦标赛，可你无法真正知晓自己还能打到多好；但若输了，你会去反思，就能记住那两记错过的推杆以及那一记打偏的击球。失败很有教育意义。

　　有句名言我记得很清楚，好像是艾德·塞柯塔说的："每次都为了赢利而交易就等同于只靠吸气来呼吸。呼气和吸气都不可或缺，而交易中，亏损和赢利也是缺一不可。"我觉得这句话说得太棒了。

迈克尔：你刚才所讲的内容很难做到内化于心，对吧？如果没有真正经历过，或者没有被导师启发，那人们就理解不到个中要义。

汤姆：对极了。我们把失败看得太重，对失败的了解又太过浅显。假设某笔交易赔了，新手交易员往往会责怪自己说："想必是我哪里做错了，我不够优秀。"交易赢利了就会自我勉励，交易亏损了就会自怨自艾，难与自己和解，变得不太自信。可事实上，我觉得经验丰富的交易员会把下一笔交易看成是下一次呼吸。

这真不算什么，就是你的日常工作而已。它就是你接下来的 1000 笔交易中的一笔罢了。你在构建庞大的交易数据库，你知道有 35% 左右的交易可以赢利、65% 不会赢利，也清楚平均收益和平均亏损各有多少。一笔交易不过是这一庞大数据库中无关紧要的一部分，你甚至不用去在意它，就像你不会在意呼吸一样。你继续做交易就好。

这就是新手与行家的区别。你开始逐渐摆脱对交易的情感投入，避免因亏损而退思补过，也不再因赢利而沾沾自喜。

迈克尔：我最近看到一条抨击我某个作品的推文，说"如果这人真懂自己在做什么，那他还写书干吗呢？"。他说："趋势跟踪这种东西、这股势头都是鸡肋和喝不进肚里的茶叶。"

我便自忖："我们之间我是更年轻的那个，却在做着引导过来人的工作。"于是我就想："好吧，那我们把科维尔排除在外。那也就意味着，汤姆也喜欢鸡肋和喝不进肚里的茶叶。"

汤姆：当年的理查德·唐奇安（Richard Donchian），在我还没入行之前就已经是区间突破的交易员了。我认为他当年的做法依然适用于今天。

迈克尔：人们恐怕很难接受其中的简易性。我想到一句话，想讲给你听。我特别喜欢这句话，我想它对你也意义非凡："要把自我价值（self-worth）与净值（net worth）区分开来。"

汤姆：言之有理。钱的确可以买来某些可能方案和替代方案。如果你选择在越南生活，或者想在未来几个月搬到美国，钱可以帮你实现这些。不花钱是没法做到的，你得花钱才行。

净值很有用。但你的个人价值，你是谁，你能如何帮到家人、朋友、国家，这就是完全不同的领域了。二者着实没有相关性。你真的需要将二者区分开来，说："净值很有趣，我喜欢为之下功夫。当然，我不是说如今拥有高于平均水平的净值是什么坏事，我只是觉得它和我的自我价值没有任何关系。"

我更愿意从我那天帮助一位高尔夫球手推杆来考虑自我价值。我昨晚在他家的聚会上又见到了他，他对于我给予他的帮助，及其对赛季表现的影响表达了诚挚的感激。我对自己能伸出援手帮助他人倍感满足，我觉得，这更体现出了自我价值。

迈克尔：我们都认识一些亿万富翁级别的人，也认识一些收入微薄的人。鉴于这种可能性，我其实认识一些净值虽不足10万美元却自我价值甚高之人，他们的自我价值要比我近年来认识的某些亿万富翁更高。人们很难接受这一点，但事实或许就是如此。

汤姆：真是这样，我就认识这种人。有的时候 1 亿美元进账了，却没想着去帮助社会、他人或是自己的家人，这类人很多都只想着增加净值，不想着提升自我价值。他们最终的下场就是自欺欺人，也欺骗所有的身边人，因为他们没有做任何事情来帮助身边的世界。他们只会见钱眼开。

这些都是非常肤浅的人。很多时候，他们会通过购买各种花哨又昂贵的玩具、豪宅之类的东西，试图安抚自我价值或自信心的缺失。他们的生活一团乱麻，因为他们甚至从未看过自己买的那套豪宅，他们也不会开自己拥有的那 20 辆车。

这完全是在浪费时间与金钱。要是他们抽出部分资金捐给慈善机构，或者设立个基金为努力获得工程学位的学生颁发奖学金，做诸如此类的事，他们或许会过得更好，会对自己的人生更加心存感激。多余的钱能用来做很多事。

很久之前，我有个客户以 2900 万美元出售了一个微波通信网，他是位绅士。当时我还很年轻，我说："哥，您后半辈子不用愁了。"他说："弟，你赚的第一个百万可以买凯迪拉克、买房子，让你余生高枕无忧。之后赚的每一笔都不过是游戏的分数而已。"

我觉得这种说法很明智，他卖了微波通信网之后，会做什么呢？他可能会开始研究新的东西。他不是因为爱财才研究的；他做这些事情是因为他对事物互联的谜题很感兴趣。对他来讲，这些东西就是思维锻炼，让他能做些实事。

他也是位顾家的好男人。他妻子当时就坐在他身边。你能看出，他们非常相爱。他住在加利福尼亚州一座山顶的牧场上，环境美极了。你也能看出他很放松、享受生活。他的净值是 2900 万美元、100 万美元还是 1 亿美元都没有任何区别。我完全相信他依然是那个怡然自得、信心满满的绅士。

迈克尔：如果健康等其他条件允许，我能有幸活到 100 岁，我就想传达出一种态度。那就是，我想在 100 岁给人打电话，但对方却听不出我的真实年纪。我觉得你就能做到，我想你也知道我想传达的意思。

就是一种态度，对不对？你是如何保持年轻的活力的呢？

汤姆：那便是始终都在迎接挑战。我一直打高尔夫。我参加了老年俱乐部冠军赛。我今年已经 66 岁了，但因为我经常健身，一直练习挥杆，所以我在同龄人中体魄较好。我在第二个赛日追平比分，所以不得不经历残酷的加时赛。结果加时赛上我输了，对方击球 4 次、我击球 5 次，但我有一次挥杆把球打到了球洞边缘。

此类情况让我为明年设定了目标：我要以 3、4 或 5 击取胜。明年，我要努力让比分不那么接近。这让我有了奋斗的方向，积累了动力。我会以不同的方式攻坚克难："好，来看看挥杆有没有问题，来看看全挥有没有问题。怎么做才能更稳定呢？要改善心理状态？怎么才能让我在上球场时心态平稳？"

这些都能让你保持年轻态，交易也是同样的道理。我依然在做交易方面的研究，依然在给我发邮件或在脸书上留言的人提供帮助。他们来自世界各地，还有些中文、日语的留言我要先翻译成英文后才能回复，然后再把回复翻译回中文或日语。这样一来，我就是在与人沟通交流。

从中我收获了极大的满足感，让我每天早起就想问："真想知道今天又会发生什么新鲜好玩的事？"

迈克尔：我不打高尔夫，但我偶尔确实喜欢看看四大赛。我看过 2018 年美国职业高尔夫锦标赛的最后九洞。在泰格的穷追猛打之下，布鲁克斯·科普卡（Brooks Koepka）依旧能摘得桂冠，这真是太令人惊叹了吧！那么你对于他的心理素质有何看法？

汤姆：的确令人惊叹。但是据报道，这一位在那天早上还在做 95 千克的卧推，那可是锦标赛最后一个比赛日的早上啊。我不知道你的力气有多大，但我状态最好的时候也做不了 95 千克的卧推。

倘若你拥有如此大的力气，也知道自己力大无穷，也清楚自己能按要求将球击出 320 码到 340 码远，也知道自己身强体壮，那么你就会有种领先的感觉。你会看着泰格·伍兹（Tiger Woods）说："他曾经是很优秀，但他不能做 95 千克的卧推。我已做好了赢得比赛的全部准备，我胜券在握。"我们要忽略那个巅峰已过、试图东山再起的对手。当然，他的背部很难再创辉煌。

我是说，泰格也很强壮，他也经常锻炼。我只是不确定他锻炼的方式（甚至是布鲁克斯·科普卡锻炼的方式）是否有助于提升他的高尔夫水平。这确实能让自己的心理素质更强，毕竟他们经受了这种锻炼并意识到自己能够成功，我觉得这的确提升了心理素质。在这种水平的运动上接受训练确实需要心理素质，还要坚持下去、保持自律、督促自己。当然，布鲁克斯做到了，泰格也做到了。

我惊讶于泰格的背部做了那么多手术后还能打高尔夫，而且依然保持在世界前 50 的水平。他真是了不起。

迈克尔：我记得我 19 岁时参加了橄榄球大联盟选秀大会的体测。他们会看你 102 千克的卧推能做多少次。当时还真挺稀奇的，我在锻炼举重，所以 102 千克的卧推我做了 12 次。但新闻上说布鲁克斯·科普卡那天早上做了 14 次。就在大赛最后一个赛日前，102 千克的卧推，他做了 14 次。人人都有自己获得精神力量的方式，但他这种真的非同凡响。我相信这是高尔夫史上前所未有的。

汤姆：我也相当惊讶，那可是相当大的重量啊，比我本人都沉。它就好比把我举过头顶或是把我从卧推椅上给举起来，真是惊人的重量。看到他在挥杆击球时球杆弯成那个样子，这完全在我的意料之中，球就那样被猛击出去了。

任何级别的训练都需要很强的心理素质。这会转化成精神力量。当你在球场上落下风时，你就会凭借自身的内在力量，直言："不，我可以的。我很强大，下一杆我一定能打好。奋力一搏吧。"

迈克尔：联想到一句话："生活是舞者，而你是那支舞。"

汤姆：挺有意思。这句话是在表达，生活是主角，会把它的奇思妙想强加于你，而你伴着它们翩翩起舞。我对此很有共鸣。还有一句话和这句话类似："你不能改变风向，但却能改变航向。"

迈克尔：趋势跟踪入门。

汤姆：正是如此，就是趋势跟踪入门。如果市场想从现在开始下跌50%，那它就会下跌。你能做的就是对此做出反应，适当调整头寸，改变航向。

迈克尔：这便是趋势跟踪领域人们难以理解的一件事。你刚刚提到，市场会从现在开始下跌50%，但这并不是说你明早醒来，就要根据你设想中的这50%跌幅采取行动，而是说，你要为可能发生的一切做好准备。

汤姆：是的，可能明天就开始上涨，到明年就翻了一番，也可能下跌一半。我会为二者都做好准备。如果上涨，我的财务状况可能会变得更好，但我也要未雨绸缪，准备好设置对冲、抛售几只股票、处理期货交易。不论前景如何，我都有系统和策略来应对可能发生的状况。

如果你的投资策略规划做得不错，那我认为，你应该已经研究了上涨市场、下跌市场以及横盘市场的情况，熟悉各种市场会发生的状况，并为之做好了准备。

迈克尔：根据市场的走势，你应该知道你的行动和决策会产生什么影响，对吧？

汤姆：是的。如果我是一名趋势跟踪交易员，假设我做黄金交易，金价开始上涨，那么迟早它会有一些指标证明金价走势的确在上涨，于是我就会买入。你设置止损，然后顺其自然，跟踪金价的趋势。

等到金价失去上涨势头，转而掉头下跌，你就有望获利了。或者，你没有赢利，而是亏损，你退出后开始研究另一种走势。你不对任何情况抱任何期待，你只是在对市场行为做出反应而已。

迈克尔：我在和你聊天时，不一定真的有问题要问。我在说出某个内容之后，你就会对此做出回应，这一点我很喜欢。人们可以从中吸取其他的人生经验——无论抛给你什么话题，你都会深思熟虑，做出回应，给出优质的反馈。这本身便是你给大家上的生动一课。人们该如何交流对话？该如何与人互动？我觉得在这一方面，你着实出色。

汤姆：可能吧。我想，在世界各地生活过以及多年来应对各种各样的市场（上涨的、下跌的、横盘的）是这种能力的来源。每天回复3到5封交易员们提问的邮件或信息，你就会对这些内容了如指掌。我清楚自己的人生是如何度过的。我经常会反思自己面对生活的方式，包括营养、锻炼、家庭问题等。

这让我能从对方的言语中听出问题来，毕竟我年纪比你大。这个问题我很可能已经思考过或被问及过。你懂我的意思吗？就好像，我是依据海量的经验来回答问题的，所以当你提出一个相关的问题时，我能快速回顾我的人生并在脑海中构思出回答，因为我知道你提问的主题，这对我来说相当轻松。

迈克尔：我记得之前采访 Merc（芝加哥商品交易所）的利奥·梅拉梅德（Leo Melamed）时提了个问题。他的第一反应是："你怎么知道要问我这个问题？"我说："我看了您的书。"

这便是采访的有趣之处：为像你这样的人找寻你们尚未涉足之处。这就是接受采访的挑战所在。

汤姆：是的。相比我过去接受的其他采访，你的采访总能彰显出你充足的准备。我觉得，你提出的那些直击内心与思维的问题都是大家最感兴趣的话题。他们也总是被同样的问题所困扰，甚至都没意识到自己也面临这些问题。或许我们的对话就能引发他们的思考："我要如何应对市场中的压力呢？"

我对压力的看法是，外界会有潜在的压力源，如果你让它们走入你的生活、让它们改变你，那么它们就会变为压力。但对我而言，压力的根源在你自己身上。

假设有位拆弹专家，他必须在 10 分钟内找出该切断哪条电线，那他会面临巨大的潜在压力；他若能奇迹般地冷静下来、整理思绪，追踪线路并找出该切断的那根，就能拆弹成功，转危为安。

很多心理因素就是在此时发挥作用的。有一些人，包括你提到的社交媒体上的网友，他们对生活方式的看法相当肤浅。他们不会反思自己对身边人的影响，甚至不会从长远思考他对自己的影响。他们在给自己徒添压力。他们给自己制造了很多错觉，认为自己的人生并不真实。走到这一步，真是令人难过。所以我和你想法一致。我喜欢坐下来和人聊天，这能令人耳目一新。

迈克尔：人们该怎样找寻意义呢？比方说，我看到各个年龄段的男女（20 岁、30 多岁、40 多岁的）把社交媒体当成展示自己形象的方式，但他们在网络上呈现的形象大多都不是真实的形象。

我有个 13 岁的侄女。社交媒体上有那么多无关紧要的信息轰炸着年轻人，我真的很好奇，他们如何才能找寻意义呢？

我不清楚你知不知道这件事，卡戴珊家族最年轻的一位，才21 岁，就快成为美国最年轻的自主创业的亿万富翁了（即将超过扎克伯格），因为她创立了自己的化妆品牌。虽说我俩会抱怨社交媒体的一些负面影响，但年轻人却说："那你看看最年轻的卡戴珊！她就是在照片墙（Instagram）上发照片，靠她的化妆品牌赚了 10 个亿。"很矛盾但又不失趣味，你说是不是？

汤姆：还真是。我完全支持大家创业，尽你所能做你所想。如果她把社交媒体当作提高销量的平台，让自己实现了既定的业务目标，那我相当支持。

如果是你那个年纪不大的亲戚，就为了吸引 1000 位粉丝去社交媒体展示自己，那我就会问了："你这么做的目的是什么？最终收益又是什么？你就为了有 2000 个好友，让一大群人关注你？这有什么用？逻辑在哪儿？最终收益又在哪儿？"多数人似乎不会以长远的眼光看问题。

交易界也无法免俗。我看到新手交易员在起步之时，就幻想自己有朝一日会成为资金经理，但是他们尚未积累足够的业绩，无法让自己受到认可。于是乎，你就会看到他们试图鼓吹自己在对的时间赶上了加密货币的红利，或者做了这个、那个。他们就是在吸引更多好友的关注，吹嘘自身实力，谈论自己的成功事迹。可这么做的最终收益又是什么呢？没什么用啊。

你的粉丝都是因为你自吹自擂才关注你的，但如果你入行之后没有雄厚的实力，你只会摔得更重。我觉得这些人没有从战略的角度去思考自己的人生。例如，Snapchat 的消息会在几分钟甚至几秒钟后消失不见？太疯狂了吧。简直是强迫大家必须守着与他人的对话。

你必须放下一切，拿起手机，看着对方发的消息。如果不看，信息就会消失掉。无法想象这会让你的生活变得多么扭曲，让你变得多么肤浅。

迈克尔：我觉得这些东西就像交易软件或是锤子一样，都只是工具而已。如果我们都能把它们当成工具，当成一种能积极推动生活的东西，那就好了。但如果让工具绑架了我们，那就麻烦了。

汤姆：确实如此。

第二部分

研究与出版物集锦

本章节将呈现汤姆·巴索的系列研究报告及出版物，以及汤姆在阿龙·法菲尔德（Aaron Fifield）的播客《对话交易员》（*Chat With Traders*）上的受访文稿。

增加低夏普比率投资可以提高你的夏普比率

很多FOF基金[①]经理都会关注夏普比率（sharpe ratio）[②]较高且毫无相关性的基金经理。其背后的逻辑是：集合多位夏普比率高的经理就能得到夏普比率更高的投资组合。

相比较而言，CTA的对冲基金经理的夏普比率要低于传统对冲基金经理的。

有些 FOF 由于夏普比率较低这一因素而忽略了这一领域。本研究表明了这是他们的一项疏忽，因为增加低夏普比率实际上会提高整个基金的夏普比率。

研究背景

为获取 FOF 和 CTA 二者的代理，我使用了 1990 年 1 月

---

① FOF 基金，即 Fund of Funds，是一种专门投资于其他投资基金的基金。——编者注
② 夏普比率，又称夏普指数，是一种用于评估投资组合或基金相对于市场风险调整后的业绩指标。——编者注

至今的 MAR 的 FOF 中值以及（CTA）交易顾问合格指数。针对 FOF 组，我使用的是月中值；针对 CTA 组，我使用的是月平均值。

接下来，我将按照 CTA 占比从 0% 到 100% 的不同组合，计算各个投资组合的收益率。0% 是当前一些 FOF 分配给 CTA 的水平，100% 是某些商品基金经理在其投资组合中不使用对冲基金来管理其集合基金的水平。我还测试了介于这两个极端之间的各种其他组合。

为准确计算夏普比率，我在测试期间使用了 4% 的无风险收益率。我使用了投资组合的年化收益率减去 4%，再除以收益率的月标准差。

研究结果

在图 1 中，我绘制了 CTA 投资在 FOF 指数中的占比与每种组合夏普比率的关系。某些 CTA 指数被添加到 FOF 指数后可提高夏普比率。CTA 占总投资组合的 5% ~ 15% 时，夏普比率高。在 FOF 投资组合中，增加 10% 的 CTA 会得到最高的夏普比率。

研究用途

本研究中，我使用了 FOF 和 CTA 的指数。鉴于此，我的数

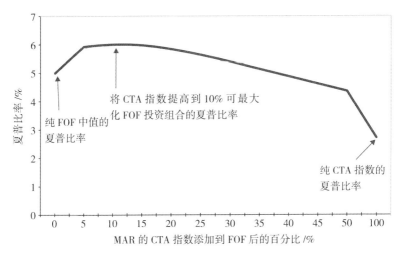

图 1　在 FOF 中增加不同 CTA 占比所得的夏普比率

字会较为规则，夏普比率也会高于基金经理可能呈现的平均水平。若想增加 CTA 的 FOF，我们可以考虑与 MAR 的 CTA 指数相关性良好的多种 CTA，聘请几位使用不同策略，或者用索引法将 CTA 风格的回报 / 风险成分添加到其投资组合中的 CTA。

为算法交易正名

　　每次股市遭受重创时，我们都会听到这样的说辞："又是算法在搞鬼！""算法百无一用，只会在市场上掀起更大的波动。"

　　每当有人在 Excel、Trading Blox 等类似的平台上创建一个策略时，就会有算法诞生。我们只是在盘点自己的所有方面（包括资本、技能、资源和可用时间），并创建一个有望达成心中所想、实现成功的东西。我有着 50 余年的交易经验、计算机技能及数学技能，如今我已退休。我衡量成功的标准是在交易达到资本保值的同时实现个人资产增值。晚上的睡眠对我来说也很重要。

　　可能有的人会选择加大杠杆、采取"行动"以获得更大的整体利润，还有的人会争取更大的可靠性，希望能以更为正当的方式赢得交易。有的人可能喜欢顺趋势交易，有的人则觉得趋势无关紧要。在交易的世界里，人人都有自己的品味和风格。

　　算法不过是创建算法的人对自身观点和诉求的数学表达。这一点我的确认同，算法确实加快了市场的发展，但我认为，与其说这是算法造成的结果，不如说是因为算法设计者的观点和倾向得到了更有效的执行。

　　我在 Trendstat 工作时就开始实行战略的自动化了，令我非常自豪的是，我在 1980 年就拥有了全新的 IBM PC 机，它比我之前用的所有东西都要强大。如今，我的手机内存更大，计算能力更强。现在我还能在一台能装进旅行背包的笔记本电脑上操作，它有 64GB 的内存、四核处理器和 2TB 的磁盘存储器，而且只要 2800 美元。

　　让我们乘时光机回到 1974 年，看看我从克拉克森大学毕业后任化学工程师时都发生了什么。当时，长达两年的熊市刚刚结束，股票从最高点下跌近一半。《华尔街日报》刊登了锐评，论股市要跌到何种程度才会触底。纽约证券交易所（NYSE）的股票成交量超 1000 万股时，他们会开香槟庆祝。快进到 2018 年，标准普尔 500 指数（the standard & poor's 500, S&P500）ETF（代码 SPY），通常一天就能交易 2 亿多股。这一单只基金的交易量可以轻而易举地达到 1974 年纽约证券交易所总交易量的 20 倍。

　　所以，这是算法导致的吗？还是因为无处不在的电脑和移动通信让整个世界飞速发展这一事实导致的？1974 年，熊市花了两年之久才让投资者们转变态度："股市有风险，我再也不会进股市了。"而现在，计算机让市场发展得如此之快，以至于同样的伤痛会更快被转嫁到那些未能妥善管控风险的人们身上，让他们也如前人一般采取同样避市的态度。但是，若算法让市场上涨太快，你却听不到一丝一毫的抱怨，那算法在牛市期间算是获得认可了吗？

　　市场行情的大众心理没有丝毫改变，交易员也依旧是交易员。市场触顶，人们依旧过度乐观；市场触底，人们依旧过度焦虑。交易还将继续进行，而算法及算法交易员不过是背了黑锅而已。

货币投资——保护净财富的同时提高净值

人人都在投资货币，但并非人人知晓如何投资。

在我满世界参加会议、拜访客户和度假期间，我经常会遇到对某种形式的投资很感兴趣的人。不论自己是富有还是平庸、身处欧洲还是美国、个人入股还是以公司名义入股，他们都对投资兴趣盎然。要是他们发觉我是资金经理，那么对话的主题就会转变为投资。

在交流的过程中，我总会提到自己做了大量的货币交易。对方的反应往往是："天哪！那风险不小吧？"我回答道："这取决于你的投资方式以及你在投资组合中设置的杠杆大小。顺便说一句，你已经在投资货币了。"

全世界每一位投资者都在投资货币，不论他喜欢与否。他的投资组合可能包括股票、债券、期货或房地产，但无论他持有何种投资，投资都是以某种货币计价的。不论你接受与否，货币都会随时间波动。有人会说，每笔投资都至少有两个组成部分：实际投资本身和投资计价的货币。大多数投资者会关注前者，忽视（或不了解）后者。

净值 vs 净财富

我喜欢视之为净值与净财富之争。投资者的净值就是他的资产减去负债，通常是以本国货币计价的。投资者的净财富则是指他用自己的净值能在全世界购买的商品和服务的总额。如果股票投资组合上涨，而投资者的本国货币出现了相应的下跌，则其净值提高，但净财富保持不变。这几乎无法改善投资者的财务状况。

作为一位美国的投资者，我最担心的就是全球股市和债市以及美元同时下跌。多数美国投资者避无可避，注定只能眼睁睁地看着自己的净值和净财富双双暴跌。他们会发现自己的生活水平严重下滑。这里的焦点不是保护股票和债券投资组合，相反，保护投资组合币值才是货币交易员通常要努力实现的目标。

行业内大致有 60 个不同规模的投机性货币交易项目，还有各种用于对冲投资者投资组合的货币风险敞口的货币覆盖程序。将多元化投资组合的一部分投资于投机性货币投资组合，不失为从重大汇率波动中获得保护的一种手段。据推测，本国货币大幅贬值将为货币交易项目带来有利可图的潜在交易机会，以抵消投资组合中购买力的部分损失。

另一种抵御风险的方法是在投资组合中使用货币覆盖程序。在这一方法中，投资组合中的一部分被用作保证金以守住货币市场中的头寸，这应该会降低汇率波动的风险。这可以通过被动投资、主动投资或投机性策略实现。前两种是传统做法，通常会损失投资组合的一些回报，二者均利用头寸来应对本国货币的贬值。我个人最喜欢的是第三种，投机性策略，它能随时间的推移提供少量正回报，同时对冲投资组合。这里构造的投机性趋势跟踪项目与对冲的投资组合的风险规模大致相近。由此产生的投机性项目，能力争产生利润，但当需要其与基础投资组合的货币风险呈负相关时，它便可以表现为负相关。

此处目标应设为，至多抽出投资组合中的5%，随着时间的推移，投资组合的回报率每年增长0~6%，潜在下跌时投资组合损失不超过4%。由于银行间市场的交易规模较大，我们很难将其用于低于2500万美元的投资组合。低于这一水平的投资组合可以考虑以期货为基础的货币项目。

币值——所有比赛的得分

归根结底，某一国家的币值并不具有真正的内在价值，它只是各国角逐成为最优秀国家的比赛得分而已。基本面交易员会将国内生产总值增长率、利率和经济状况作为币值的决定因素，投机主义交易员则会说是政治事件和公告声明推动着汇率，技术交易员可能只会突破买入或衡量市场动量。

总之，它就是世上某一最为复杂的比赛的得分。一个国家货币升值的情况取决于其政治、经济和利率因素，以及外汇交易界如何看待该国相对于另一国家资产存放的状况。或许我们也该给国家领导人们支付报酬，就像我们花钱雇佣大多数货币交易员一样：一部分是管理费，一部分是根据领导人的本国货币对一篮子他国货币的表现支付的奖励费。这会使领导人的经济激励真正与公民的宏观经济福祉挂钩。

好的交易并非高深莫测

就因为成功的交易员似乎能在他人失败时赢利，他们就比失败的交易员更聪明吗？更聪明的交易员是否更能发现交易成功的秘诀？尽管很多频频受挫的交易员会认为成功的交易员更聪明，但据我所知，没有证据能支持这一理论。

其实，最近恰好出现了一些反例：聪明人造成了巨额损失。埃莉诺·莱斯（Eleanor Laise）在 SmartMoney[①] 上所撰的一篇题为《如果我们那么聪明，怎么就没变富呢？》（2001 年 6 月）的文章中称，拥有超高智商的成员的门萨投资俱乐部（MENSA investment club）在过去 15 年间的股票投资回报率极低，仅为2.5%。而同期，全球股市的波动创历史新高。

美国长期资本管理公司（Long-Term capital）的董事会中不乏杰出的诺贝尔奖得主，但其在 1998 年 8 月却陷入了一场震撼股市和债市的金融危机。损失如此之大，以至于一些较大的主经济商不得不介入为其平仓，并负担部分损失以保护金融市场的完

---

① 美国的一家财经网站。——编者注

整性。

曼哈顿基金崩盘事件的核心人物迈克尔·伯杰（Michael Berger）（由于在牛市上错误地使用卖空策略导致投资者损失4亿美元之多）曾被认为知识极其渊博、能力相当出众、非常值得信赖，像他一样对投资者隐瞒巨额损失一事如此之久，着实需要些"聪明才智"。

所以为什么会有如此多聪明的交易员在市场上赔钱呢？在我25年的交易生涯中，我目睹了很多非常聪明的人士在赚取净利润的道路上栽跟头。以下是这些交易员容易犯下的错误：

1. **自以为是，不追求多元化**。聪明人清楚自己的聪明才智。他们在一生中取得了傲人的成绩，获得过很多奖学金，拥有多个学位，能从众多主题中筛选出晦涩难懂的信息。人们会和他们讲："你真聪明。"如果他们大意自满，这些超群成就和溢美之词就会冲昏他们的头脑。他们终会受到教训，那就是市场永远比他们智高一筹。

2. **不使用卖出策略**。聪明人知道他们的胜算很大，也做了功课。他们认为自己不会失败，或许他们此前就从未在重大事宜上折戟沉沙过。若知道自己行事无误，谁还需要卖出策略呢？市场总有办法给他们上一课。

3. **在亏损的头寸上摊平成本**。如果该投资策略在此前就很好用，那么现在就更适用了，因为他们能以更低的价格买入。但市场会持续下跌，给他们一记重创，甚至有时会逐他们出局。

4. **认为对一项策略展开详尽、长期的研究就可以预测未来**。

正如免责声明常说的：历史结果并不能预示未来利润。这句话所言非虚，许多市场、众多策略和不同时期的交易员进行的无数研究也支持了这个说法。聪明人有时会认为，若他们收集海量数据并对其展开深入的分析，就能拥有预测市场走向的优势。若市场出现了前所未有的局面，崩盘或将发生。

5. **使用历史数据过度优化某一策略**。聪明的交易员拥有想出各种交易方式的脑力，因此他们能在其策略中思考出无数参数集来交易历史数据库，并取得好的成果。但问题往往在于，他们在其模拟中努力与市场做最后的决战，却忽略了本该关注的下一场比拼。他们没有设想可能发生的假设情景，也没有为之未雨绸缪。

6. **追求完美**。聪明的交易员能想出很多优秀的交易策略，但有时，他们花费大部分时间追求完美，而不去用当前最好的策略做交易，无法意识到自己可以在长时间内不断精进该策略。你永远都不会拥有完美的交易策略。你只能每天尽己所能，在改善策略的道路上永不止步。

7. **经常将现行的交易亏损策略更换为"更好的"策略**。聪明人头脑灵活，总能想出各种新颖的、"更好的"交易方式。由于他们聪慧过人，他们想出的某些交易策略甚至会非常复杂。但如果你认为所有策略都有自己的高光时刻，那么摒弃亏损策略就显得不太明智了。目前看似火热的策略未来可能无人问津，而今年表现平平的策略没准会成为明年的新秀。

既然我们已经探讨了一些聪明过人的交易员在交易考核中失

利的原因，下面就来看看成功的交易员用了哪些常识性操作玩转交易界的：

1. 自创并理解打算在交易中使用的策略。你要是连自己为什么采取当下的行动都不甚了解，那还怎么指望自己继续做下去？购买那种宣称赢利的黑箱系统并不能在策略与市场不合时让你安然挺过艰难的回撤。了解策略的具体情况以及预计出现亏损的原因会让你拥有坚持策略的心理准备，并享受下一次有利可图的交易。

2. 你的策略要与你的个性、能力、技术、时间投入和投资资本相匹配。坐下来盘点上述项目，反复推敲，你便能顺利想出适合自己交易的策略。如果你并非计算机专家，那你就需要开发不涉及电脑的策略，或者上几堂计算机课以提高在该领域的技能水平。尝试用他人的方式做交易是毫无意义的。他们有自己的技能水平、能力和资源，而你有你自己的。用别人的交易策略，你只能动用自己的部分技能和资源，因此会面临难以应对的局面。事实上，我认识几位潜在的交易员，他们在认真盘点了自己的交易资源和技能后决定不做交易员了。这完全没问题。

3. 摒弃"赢利即是好交易"的想法。好的交易是遵循策略并管控风险。在做交易时，你只要执行战略计划就好。哪怕你按计划执行，但当天有亏损，你的付出也依旧值得称赞。若是长期按计划执行，那你终将赢利，这并非单笔交易或单日交易的努力所得。

4. 多元化投资组合。专注于某一市场或某一头寸会让你赚到盆满钵满，但也可能让你一败涂地。不要把自己置于明日无法回头、无法继续交易的境地，这是常识。分摊风险能帮助减轻重大资本损失带来的影响，这种方法简单易行。

5. **集中投资组合。**本条建议似乎与上条相矛盾，但它的意思是将投资组合缩小至既有效又不过于多元化的规模。很多拥有强大计算机算力的专业交易员在数百个市场上做过交易，结果发现大部分利润都是那几个市场创造的。在适合你策略的市场上做交易，或者在你通晓的市场上做交易，都要比盲目进行超过你逻辑能力的多元化交易更有意义。

6. **关注杠杆。**交易策略看着越出色，赢利的预期就越会吸引交易员增加杠杆。毕竟，若能赚两三倍，谁又甘心只赚一倍呢？答案便是，你希望明天也能继续交易，如果有几笔头寸对你不利，过高的杠杆就会把你驱逐出局。关注你的交易杠杆，将风险控制在你的承受范围之内，你就能开启你的交易生涯。

7. **秉持"交易皆有盈亏"的态度。**交易不可能一直赢利或一直亏损。要知道，任何策略都有其高光时刻，都能智胜市场、创造亮眼的利润。然而，每一种策略也都有致命弱点，都有举步维艰之时——这是基本常识。但是，有多少次，我们看到投资者和交易员在一连串的亏损后就摒弃了一项交易策略？他们当真没料想过会亏损吗？

8. **自己做交易决策。**信不信由你，你自己做出的简单易行的交易决策远比听信某位分析师或是行业专家的建议要好得多，因为你知道自己为什么这么做，也能根据你的策略管控交易风险

（参见第一条建议）。你并不知道那位分析师在分析时脑海里想的是什么、他们对风险的容忍度是多少。你可能也不知道他们在其建议中是否设置了头寸、他们何时何处退出交易。自己做交易决策能让你控制交易策略和风险管理。

9. **截断亏损，让利润奔跑。**这句话在交易类文章中经常提及，但那些"自以为"比市场聪明的人并未遵守。不论什么策略，你都得买低卖高或卖高买低才能赢利。我坚持认为，即便是价差交易员和套利交易员也会在价差或套利中设置头寸。所以，不论何种策略，如果你无法截断亏损，那么你的账户就会在未来的某个时刻受到重创。

10. **进入之前要知道何时退出。**很多投资是"卖"给客户的，有些交易员也有同样的心理。他们会想出各种持有某笔头寸的理由，但却忘记未来会有退出头寸的情况。我建议在退出头寸的必要条件上提前制定策略。这可能包括在某一水平上截断亏损，或者在跌破移动止损价位后获利了结。如果你没有退出策略，就不要进行交易。

11. **把每一笔交易当作是接下来 1000 笔交易样本中的一笔。**这不是生死攸关的较量，这只是又一笔交易罢了。或许现在看来举足轻重，但它不过是你一生中从事的无数笔交易样本中的又一个数据点而已。不要把它看得太重。

12. **只要没崩盘，就别急着修复。**有太多的交易员频繁改换策略，从未长期坚持某项策略。历史模拟有助于交易员了解策略的波动性或策略应对各种市场情况的一些方式。但所有的策略都有表现平平甚至表现不佳的情况。如果结果与你的预期大相径庭，那就该深入研究、找寻缘由了。如果你在使用该策略交易伊始就预期了亏损的出现，那就忍耐一下，坚持下去。

就算不是杰出的天才，也能成为优秀的交易员。多年来，也有很多聪明人损失了巨额资金。但与此同时，也有很多并非天资超群的人赚取了巨额利润。任何一位认真对待成功交易的交易员都可以实践我上述列出的各条建议。倘若你的确碰巧为聪明才智所困，那就请以你那七窍玲珑之智认识到：高智商与获得巨额交易利润无关。成功的交易来源于明智的策略、优秀的风控、严格的执行和大量的常识。

杠杆并非全能，过高或有危险

研究目的

自 1998 年 8 月和 9 月美国长期资本管理公司崩盘之后，投资者们自然更关心对冲基金经理的杠杆使用情况。如果使用杠杆但基金缺乏透明度，客户就有可能不知道头寸大小，也不清楚头寸的杠杆率。

有些试图降低杠杆潜在滥用情况的客户会尝试将杠杆设置在合理的水平之内。例如，一位做多 / 做空的经理可以 100% 做多其投资组合、100% 做空其投资组合，实现 2 ∶ 1 的杠杆率。一位事件驱动型经理可能会暂时退出市场，然后在特殊情况下以 5 ∶ 1 的杠杆回归市场。套利经理则可能以 10 ∶ 1 的杠杆让投资者对高回报心动。

定义杠杆

投资者们面临的首个问题便是，经理们对"杠杆"一词缺乏一致的定义。例如，一位只做多的股票经理，用现金购入所有股票，可能会声称自己的杠杆为 1∶1；而另一位交易现金货币的经理可能也声称自己的杠杆为 1∶1，因为他没有贷款建立头寸。然而，货币头寸的面值可能高达交易所需履约保证金的杠杆率的25 倍。

比较不同市场或不同策略最简单的方法，就是将杠杆定义为投资组合中所有投资的票面市值与账户中资金的比值。这使得所有投资会在统一定义的基础上进行比较。

杠杆因市场而异

市场发展的速度往往非常不同。在表 1 中，我用 1990 年 1月 1 日到 1999 年 2 月底的每日数据汇编成不同市场的历史情况，以每日价格变化百分比的绝对值来计算市场的平均波动率。每日数据用于计算每日波动率的标准差。由于股市出现在众多投资组合中，所以我使用了标普 500 指数作为衡量其他市场的基准。

表 1　适配不同市场波动所需的杠杆

市场	日均波动率 /%	每日波动率标准差	达到标普 500 指数 2 倍所需的杠杆
标普 500 指数	0.6298	1.0323	2.0000
融券-债券指数	0.4020	0.3757	3.1303
日元	0.5303	0.5450	2.3754
原油	1.3964	1.5800	0.9021

续表

市场	日均波动率 /%	每日波动率标准差	达到标普 500 指数 2 倍所需的杠杆
活牛	0.5931	0.5166	2.1239
黄金	0.4859	0.5562	2.5924
所有非标普市场总计	0.6815	0.7147	2.2254

如表 1 所示，除了海湾战争期间出现剧烈波动的原油市场外，其余所有市场的波动率均低于标普 500 指数。

合理利用杠杆

合理使用杠杆是指用较少的波动撬动市场以适配投资组合的波动。例如，如果我们要适配表 1 所示市场中投资组合的波动，我们就得将非标普市场的杠杆调整至 2.22 ： 1 后才能达到平衡，从而不让任何市场去主导投资组合。为了平衡投资组合的多样性，这会是一种审慎使用杠杆的方式。

杠杆因策略而异

各种策略都需要额外的杠杆来吸引投资者。在长期资本管理公司的案例中，也许会有人认为他们在利用固定收益套利押注方面做得太过，但无人会否认在其策略中使用杠杆的必要性。这种投资的回报率相当低，并且相当稳定，难以与银行存单相竞争。

我查看了 MAR-Hedge[①]1998 年上半年业绩评估目录中的杠杆数值。我首先注意到的便是经理们提供的数值并不一致，但这是我在公开领域唯一能获取到的信息了。我把杠杆数据分别置于不同的逻辑区间。我认为，多数只做多和做多/做空的经理，其杠杆率往往低于 2∶1，这是我的第一个逻辑区间。接下来是许多全球宏观策略和 CTA 的杠杆率，在 2~3 的区间。最后，我测算了大于 3 但小于 5 的区间及大于 5 的区间。我还记录了那些不能或不愿回答该问题的经理们，他们可能会让投资者对未知情况感到担忧。结果如表 2 所示。

表 2　对冲基金行业不同杠杆水平的百分比细目

杠杆区间	基金数量 / 个	基金百分比 /%
<2	616	68.8
2~3	138	15.4
3~5	46	5.1
>5	60	6.7
—	35	3.9
全部基金（总计）	895	100.0

多数基金（68.8%）落在小于 2 的区间。但是，有 31.2% 的基金杠杆高于 2∶1。这并不能说明它们的杠杆率过高。断言杠杆率在 5∶1 的经理都比 2∶1 的经理要危险也是不合理的。

---

① 美国第一家提供对冲基金商业数据的机构。——译者注

杠杆何处势危?

　　经理们施加的杠杆何处势危? 杠杆随经理们使用的策略而变。以 Trendstat 为例，我可以告诉大家的是，我们的共同基金择时和配置程序的杠杆是 1∶1；世界货币（World Currency）程序平均杠杆在 2.7 左右，低于外汇交易员的平均水平；FX Extra 的杠杆接近 5，更符合其他外汇交易员的水平；多趋势（Multi-trend）程序的杠杆大于 3，在该投资领域和策略的正常范围内。

　　在我看来，杠杆数值本身并不会让投资势危。我并不觉得我们世界货币 2.7 的杠杆比我们的行业配置（Sector Allocation）程序 1∶1 的杠杆更危险。实际上，它们在一天中的移动速度非常相似。有时，货币程序移动得稍快一些；有时，行业配置程序移动得更快一点。

　　投资者需要在决定杠杆过高或不足之前，找到杠杆与经理适配的组合。若某位经理的杠杆高于其他使用类似策略的经理，那投资人就应警惕额外的杠杆风险。

趋势市场和横盘市场的用时研究

研究目的

在很短的时间内，如果择时策略似乎没有增加价值，那么为股市择时的投资者往往会失去耐心。他们放弃某一择时策略的常用理由就是"它不管用了"或者"我本可以用买入并持有策略赚更多的钱"。

投资者心理在此发挥了巨大的作用。彼时彼刻，投资者忘记了自己开发或使用该择时策略的初衷。我见证过很多次，投资者忘记对最佳情况、最差情况和预期情况中的表现做出预计。我认为，如果投资者明确知晓某种策略会出现的情况，那么当择时策略的表现完全符合预期时，他们就不会那么惊诧了。本研究旨在帮助投资者了解更多有关股市行为以及该选择何种择时模型等内容。

市场会涨？会跌？会横盘？

所有市场都会经历上涨、下跌或横盘，市场是买方与卖方之间的供需之争。当买卖双方都认可某一价格时，交易就会发生，价格就能确定下来。如果买方比卖方更积极，则价格将呈上涨趋势；如果卖方欲出售的量大于买方欲购买的量，则价格将进入疲软状态，呈下行趋势；当买卖双方大致处于平衡状态时，价格将在一定水平上波动，产生横盘市场。

如何衡量市场走势？

为衡量市场走势，我创建了两个简单的指数移动平均；其中一个指数移动平均使用的是通用公式：

今日均值 = 昨日均值 +β（今日价格−昨日均值）

其中：β=2/（天数 +1）。

我分别使用了 0.25 和 0.05 的 β 值，换言之，相当于 9 和 41 天的 β 值。如果较短期、较快速的移动平均线越过了较长期、较缓慢的移动平均线，那就说明出现了定向变化。如果在该方向上的变化幅度超过 5%，将视之为成功的趋势；如果在下一次方向变化之前，变化幅度低于 5%，将视之为横盘市场行为。

股市上涨时的择时理论

当市场指标从"下跌"转为"上涨"时，择时模型会将你所有的现金转移至股票型共同基金，它不会在触底时买入。事实上，方向改变的迹象发生在市场触底之后。这意味着该模型会错失一小部分上涨机会。随着市场上涨，成长型股票基金往往也会上涨。在此类市场中，巨大的正回报或将成为可能，但投资者可能难以跟上买入并持有策略的步伐。

股市下跌时的择时理论

当市场指标从"上涨"转为"下跌"时，择时模型会将你的整个投资组合从成长型股票共同基金转移至货币市场基金。择时模型通常不会在触顶时卖出。货币市场基金每日定价为每股 1 美元且只付投资者利息。由于没有股市波动带来的风险，货币市场是"安然度过"下跌行情的好去处。在此类市场中，择时模型能带来盈亏平衡时的回报，同时，它也会通过不承担重大损失而大幅超越买入并持有策略的表现。

股市横盘时的择时理论

如果你读到上述涨跌的股市情形，会觉得择时模型仿佛是个完美的策略。但很遗憾，择时模型也会有产生负回报、表现落后大市的情况。当市场横盘时，趋势指标会向上、再向下、再向上、再向下……这种现象被称为"洗盘"。

每次模型获得"上涨"信号，就会买入；每次获得"下跌"

信号，就会卖出，这样往往损失较小。如果市场横盘一段时间，多个"小"损失会累积为巨额损失。因为根据定义，市场横盘时，择时模型在承受这些小损失的同时表现落后于大市。一些投资者视市场横盘期的损失为"保险费用"，以便为大幅上涨做准备，并将重大下跌造成的损失降到最低。

上涨、下跌和横盘市场的用时

对 1964 年 1 月至 1999 年 2 月的标普 500 指数进行的研究表明，市场约 28% 的时间处于"涨"势，仅 7% 的时间处于"跌"势，余下 64% 的时间皆处在横盘期，详见表 3。

表 3　市场趋势研究

时间	1964 年 1 月—1999 年 2 月
上涨期占比 /%	28.1
下跌期占比 /%	7.7
横盘期占比 /%	64.2
总计 /%	100

这意味着择时模型仅在约 36% 的时间内带来了高收益，而在其余的时间内，择时模型往往会被洗盘。尽管这些时间数据并不均衡，择时模型可以为投资者增添很多心理安慰。要成为成功的投资者，你就必须时不时做一些违背本心的事情。例如，在看到市场肆无忌惮地上涨之后，旁人很容易追逐买入并持有的回报。然后，投资者便使用买入并持有策略，直至最后在某一时刻

以遭遇暴跌告终，而借助择时模型或许可以避免这一切。

　　另一难事就是保持耐心。由于市场 64% 的时间都处于横盘期，投资者很容易对缺乏实质利润，甚至导致亏损的择时程序失去兴趣或感到恼火。但是，在市场上涨或下跌之际，择时模型应该能增加些价值。也就是说，大约每 10 年中就有 4 年的时间，运用择时模型能增值。但也意味着，每 10 年中有 6 年的时间，择时模型难以增值。择时模型要想取得成功，交易员就要长期保持耐心，见证策略在上涨、下跌和横盘期披荆斩棘。

投资十大准则

　　鉴于行业内欺诈行为的发生，以下是我建议投资者投资对冲基金时需要考虑的准则：

　　1. 永远不要将现金交给管理资金的人。 我总会把支票寄给独立的管理人或保管人。投资经理对你的账户应该是有委托权限的，不能全权负责处理你的现金。如果资金经理有权限接触到实际的资金，那就给了他们窃取或挪用现金的机会。拥有独立保管人就可以免去这个烦恼了，除非资金经理和保管人合谋欺诈投资人，这也是我提出准则 2 的原因。

　　2. 保证保管人和资金经理相互独立。 为避免资金经理和保管人合谋，就要确保二者是独立的。当然，他们因为有业务往来，彼此之间会以礼相待，但你会希望两家公司的所有权结构并不相同。理想情况下，保管人的业务与资金经理的业务只能有小部分交集，这样你才能确定保管人没有伪造报表或挪用基金的动机。

　　3. 寻求 NAV 的独立计算方式。 在很多对冲基金中，往往会让经理对某些工具进行估值，而他们给出的理由是："它们太复杂了，独立保管人没法估值""我不能让任何人计算 NAV（资产净值），否则他们就会知道我们的投资方案。"若情况如此，投资者就是在让投资经理编造业绩。多年来，很多守法的经理曾趁机以看似合理的方式为工具估值从而修改计算结果，而非直面真实市场的涨跌和按市值计价的价格的起伏。这不仅会让夏普比率高于真实水平，还会诱使经理和投资者陷入投资风险不高的陷阱中。

4. **确保基金有年度会计审计**。我觉得用一家专门从事投资领域审计的独立公司会更好。有些大型审计公司可能缺乏某些较小型独立审计公司所拥有的专业经验。重点是，他们会根据保管人（而非资金经理）的单独报表进行审计，并自行核实投资组合中各工具的估值，而不是依靠经理评估投资组合或提供所持投资的清单。这是对经理真正的核查，每年至少要进行一次。基金审计员应向投资人描述基金审计所用的流程。

5. **在投资所在的环境下监控其投资表现**。如果你决定购买一只长线杠杆股票基金，且发现它似乎在股市下跌时赢利颇丰，那就要持怀疑态度了。如果大多数对市场持中立态度的基金经理的赢利在 10% ~ 20%，而你甚至达到了 50%，那就要谨慎点了。要充分了解资金经理的策略，知道何时赢利、怎样赢利、何时亏损。如果出现意料之外的事，要找出缘由。如果情况不妙，一有机会就收手吧，还有上千笔有价值的交易在等着你。

6. **了解交易中每个人的报酬机制**。很多投资者在买入时只看净利润。但投资者们应该阅读一下投资资金的法律文件，留意哪些人会从基金中获利。我想知道每家公司的职责、它们履行职能的方式以及他们的费用相对于自身对基金的贡献是否合理。如果有人从该基金中赚取的费用超过常规水平，我就会保持警惕。

7. **问问自己，你所考量的回报是否还能再现。**很多投资者追求优越的业绩记录，却从未考虑到，资金经理刚刚经历的市场环境或许与他的策略完美匹配。也许市场环境即将发生逆转。在投资之前，要充分理解所用的策略，从而确定其是否吻合、能否再现。

8. **每笔投资都有风险。**如果你尚未弄清楚某笔投资的潜在风险，那就是你研究得还不够深入。每项策略都有一定的风险，哪怕是低概率事件也有发生的可能。我的经验就是，概率较高但严重性较低的风险往往更好管控。那些低概率但标准差较高的移动才是让大家耿耿于怀多年的，因为这种情况往往会产生极高利润或极大损失。很多投资人和资金经理把低概率风险视作"无风险"，但这着实危险，因为低概率、高严重性的事件的确会发生。

9. **如果这些准则都没有满足，那就换一个重新开始。**可供投资者考量的优质投资基金有成千上万只。如果你在考量的一只基金看似不错，但并没有满足你想要确保资金安全的全部准则，那就换一个重新开始。找寻符合你的安全准则的基金。你考量的投资可能完全合法，你可能不愿错过这笔好交易，但它也很可能是一场正在酝酿中的灾难。明明有那么多满足要求的合法基金供你投资，为什么非要承受这只基金的压力呢？

10. **合法的基金本身就应满足这些准则。**作为美国全国证券交易商协会（NASD）和美国全国期货协会（NFA）的仲裁员，多年来我发现，大众投资者区分合法交易和欺诈的能力几乎为0。如果合法基金拥有独立的保管人、资产净值定价以及独立的会计师，而且尽可能透明，那么相比之下，欺诈就会露出马脚来。我们永远都无法完全消除这些欺诈行为，但我们可以让它们更难混入合法的交易行列中。

　　遵循上述所有建议并不能保证投资成功。但是，它应该会消除我们经常在行业内看到的大多数非法行为，如伪造报表、挪用公款、混合个人资产与投资者资产、隐瞒亏损、庞氏骗局等。成功的投资绝非易事，它需要大量的功课、约束、资源和才智，当然，投资还需要一点点运气。这些准则有助于确保投资者只需挂心资本收益就好，而不用担心资本回收的问题。

ETR 舒适度比率

以前我每次都会为资金管理客户研究新颖、更优秀的交易方式。现在，研究我自己的资金管理时，我都会看风险回报率的统计数据来比较交易策略中的各种方法和理念。在多数研究平台上，你最终找到的都是以下一种或几种常用的风险回报率衡量指标：

- 夏普比率；
- MAR 比率；
- 收益回撤比（收益率 / 最大回撤比例）；
- 收益率 / 平均回撤比例；
- 特雷诺比率；
- 索提诺比率。

所有这些比率产生的风险回报率都是越高越好：高回报、低风险。

使用以上方法计算风险回报率时会出现的问题

在此处，有必要探讨一下这些常用的风险回报率计算方式的一些缺点：

- **夏普比率**：它用的是收益率除以标准差，该标准差假定投资组合中下跌的变化等于上涨的变化。我的资金管理客户从未抱怨过账户中的上行偏差。

- **MAR 比率**：该比率用一段时间的年复合增长率除以同一时期的最大回撤。但问题在于，最大回撤只考虑了单笔最大的回撤深度，而忽略了其他所有较小的回撤。后者可能持续时间较长，会导致客户或交易员由于疲劳或觉得乏味而撤出或放弃策略。

- **收益率 / 平均回撤比例**：本方法通过使用所有回撤的均值纠正了 MAR 比率中单笔回撤的问题。此法可能更实用，但依然没有考虑到收益率的一致性以及最大回撤对投资者心理造成的影响。

- **特雷诺比率**：它与夏普比率类似，但并没有使用投资组合标准差，而是投资组合相对某适宜指标的贝塔系数。如果你选择不同的基准，就会得到不同的贝塔系数（相对于被衡量的投资组合而言），因此得出不同的特雷诺比率。这种依靠人工判断选择合适基准而创建的投资组合贝塔系数的方式，我并不喜欢。

- **索提诺比率**：在常用的计算方式中，它算得上是我最喜欢的比率之一。它首先用夏普比率，也就是投资组合的收益率除以其标准差（上行和下行），然后改变算法，仅用投资组合的下行偏差衡量风险。这更近似投资者和交易员眼中的风险，但没有考虑风险期的时长。

计算风险回报率更好的方式：
ETR 舒适度比率

我为客户交易资金的 28 年以及管理个人投资组合近 50 年的经验，让我懂得了很多有关资金曲线如何导致人工交易员进入投资过程后修改、搅乱或停止使用某项交易策略的问题。50% 的回撤竟呈现出非常出色的长期年均复合增长率（CAGR），这种华而不实的业绩记录都能营销给投资者总会让我惊讶不已。谁看到自己的投资组合缩水 50% 后还会坚持那种所谓的长期记录呢？多数人在跌幅达到 15% 或 20% 时就坚持不住了。

所以，到底是什么让客户和交易员因为业绩而终止了一项策略呢？我有两种观点：第一，回撤深度超过他们所能接受的水平以及他们在下跌时期所处的时间，换句话讲，很少有投资者会对 5% 的跌幅感到不安，但若持续数年之久，其投资兴趣就会被消磨殆尽；第二，30% 的快速下跌期也会让很多人立刻放弃计划。

拥有工程学学位让我对世间万物产生了些许不同的看法，风险回报率的计算就是其中之一。对我而言，交易员及其客户需要感到舒心顺意才能继续做该做的事。一旦打破痛苦或耐心的临界点导致他们倍感不适，他们就会转投下一个优质策略。

我决定使用积分学的概念创建一个衡量不适程度的方法，这种不适是由下跌幅度及其时长所引起的。另外，我不记得我有任何客户会对资产再创新高心生抱怨。于是，我认为其数学表达式如下：

$$ETR 舒适度比率 = 舒适程度 / 不适程度$$

接下来，我们需要用几个参数，来计算引发不适的下跌收益率（回撤收益率阈值）以及在你或资金管理客户对某一策略感到不适之前回撤的持续时间（回撤时间阈值）。对大多数投资者来说，超过 10% 的跌幅或超过 6 个月的下跌会令其开始思考是否要转变策略。

不适程度是指在超过选定回撤阈值的回撤中，每个周期当前跌幅的总和。一旦超过阈值，你就要开始加总每一周期的跌幅，直到投资组合回归新高，你也回归舒适水平。

舒适程度与不适程度相反。每当投资达到新高并从此处继续上涨，你就会留意这次激增。该激增是指在上一次下跌结束后，当前的上涨幅度超过当前激增低点的数额。你要加总每一周期的激增量，直到突破下一个回撤阈值。届时，你又会加总每期的当前跌幅来计算不适程度。舒适程度本质上是舒适期的时长和幅度。

ETR 舒适度比率就是舒适程度与不适程度的简单比值。

简单示例：短期国债券（T-Bills）

如果考虑无风险收益率，忽略恶性通货膨胀或其他风险，那么在整个金融界的计算中，T-Bills 都被用作"无风险收益率"。

如果对于持有期限很短的 T-Bills, 其回撤时长近似于 0, 那么几乎每天都是舒适日, 舒适程度屡创新高。因为几乎没有下跌的日子, 所有不适程度加总也近似为 0。

（T-Bills 的）ETR 舒适度比率 = 正递增数 /0= 无穷大

也就是说, T-Bills 应该拥有也的确拥有超高的 ETR 舒适度比率。

另一示例: 标普 500 指数

在一项研究中, 我提取了 1993—2019 年的标普 500 指数的月度值。1993 年距我撰写本文已过去 20 多年的时间。我创建了一份简单的电子表格, 用于计算 20 年来标普 500 指数及其择时策略的月 ETR 舒适度比率。图 2、图 3 所示的结果呈相反的趋势。

从图 2 与图 3 中我们可以看出, 对 1993—2002 年的 ETR 舒适度比率进行初始化后, 该指数至 2019 年数据末尾一直保持在 0.2~0.6 的水平。2008 年的熊市的确将买入并持有策略的指数推向了最低点。然而, 择时策略在 2017 年跌至最低。自 2016 年起, 择时策略和买入并持有策略的舒适度比率都随牛市的到来稳步走高。重点在于, 择时策略的舒适度比率远高于买入并持有的舒适度比率。因此, 与偶尔会造成 50% 跌幅的传统的 "买入并持有" 策略相比, 投资者在长期投资中对择时策略的舒适度更高也就不足为奇了。

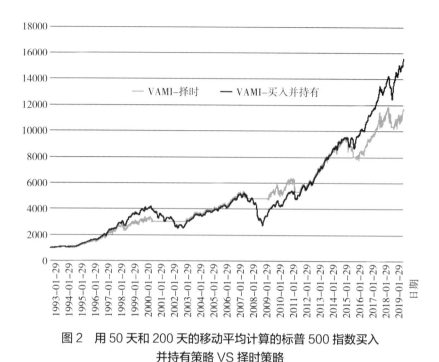

**图 2　用 50 天和 200 天的移动平均计算的标普 500 指数买入
并持有策略 VS 择时策略**

注：VAMI 全称为 value added monthly index，即每月增值指数。

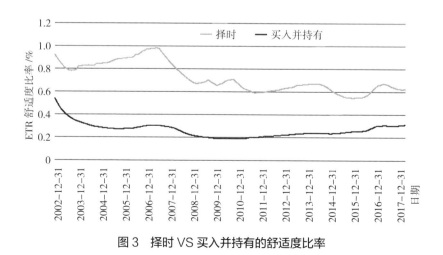

图 3　择时 VS 买入并持有的舒适度比率

如何计算 ETR 舒适度比率？

用于绘制图 2 与图 3 的电子表格很大，其中的 一小部分如图 4 和表 4 所示。计算时要总结两个条件：第一，当某一回撤超过回撤收益率阈值或回撤时间阈值时，你要继续加总累积的回撤。一旦达到新高，就集中精力，计算激增的累积。激增最低点是上一次回撤开始之前的那次资金高点。第二，我们获得累积回撤和累积激增的总额后，就可以计算第一个 ETR 舒适度比率了。我们要意识到该比率数据有限，它会随着更多涨跌的周期而稳定下来。

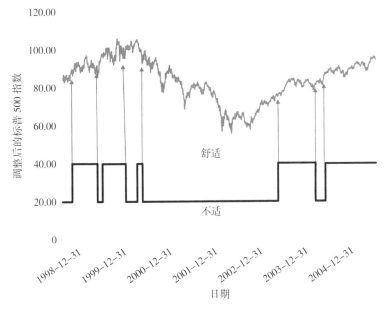

图 4　标普 500 指数对应的 ETR 舒适度比率

表 4

日期	调整后的标普500指数	标普500指数X天表现（%）	X天每日平均表现（%）	X天平均VAMI	VAMI最高值	当前回撤（%）	非常舒适的回撤（%）	当前回撤天数	是否舒适?	累积不适程度（%）	激增低点$	当前激增（%）	累积舒适程度（%）	舒适度比率
2019-03-29	279.82	1.81	0.09	13978.24	14239.66	-1.84	0.00	117	N	-45116	13495.84	5.51	13715	0.304
2019-04-01	283.14	2.38	0.11	13994.07	14239.66	-1.72	0.00	118	N	-45117	13495.84	5.51	13715	0.304
2019-04-02	283.28	2.80	0.13	14012.75	14239.66	-1.59	0.00	119	N	-45119	13495.84	5.51	13715	0.304
2019-04-03	283.72	3.10	0.15	14033.46	14239.66	-1.45	0.00	120	N	-45120	13495.84	5.51	13715	0.304
2019-04-04	284.48	4.01	0.19	14060.24	14239.66	-1.26	0.00	121	N	-45122	13495.84	5.51	13715	0.304
2019-04-05	285.85	5.39	0.26	14096.35	14239.66	-1.01	0.00	122	N	-45123	13495.84	5.51	13715	0.3039
2019-04-08	286.07	5.68	0.27	14134.51	14239.66	-0.74	0.00	123	N	-45123	13495.84	5.51	13715	0.3039
2019-04-09	284.61	3.64	0.17	14159.01	14239.66	-0.57	0.00	124	N	-45124	13495.84	5.51	13715	0.3039
2019-04-10	285.58	3.60	0.17	14183.3	14239.66	-0.40	0.00	125	N	-45124	13495.84	5.51	13715	0.3039
2019-04-11	285.5	2.89	0.14	14202.84	14239.66	-0.26	0.00	126	N	-45125	13495.84	5.51	13715	0.3039
2019-04-12	287.43	3.66	0.17	14227.57	14239.66	-0.08	0.00	127	N	-45125	13495.84	5.51	13715	0.3039
2019-04-15	287.24	3.08	0.15	14248.42	14248.42	0.00	0.00	0	Y	-45125	14239.66	0.06	13715	0.3039
2019-04-16	287.43	2.77	0.13	14267.24	14267.24	0.00	0.00	0	Y	-45125	14239.66	0.19	13715	0.3039
2019-04-17	286.72	2.50	0.12	14284.2	14284.2	0.00	0.00	0	Y	-45125	14239.66	0.31	13715	0.3039

续表

日期	调整后标普500指数	标普500指数X天表现（%）	X天每日平均表现（%）	X天平均VAMI	VAMI最高值	当前回撤（%）	非常舒适的回撤（%）	当前回撤天数	是否舒适？	累积不适程度（%）	激增低点$	当前激增（%）	累积舒适程度（%）	舒适度比率
2019-04-18	287.29	3.01	0.14	14304.66	14304.66	0.00	0.00	0	Y	-45125	14239.66	0.46	13716	0.304
2019-04-22	287.54	1.95	0.09	14317.92	14317.92	0.00	0.00	0	Y	-45125	14239.66	0.55	13716	0.304
2019-04-23	290.12	4.88	0.23	14351.19	14351.19	0.00	0.00	0	Y	-45125	14239.66	0.78	13717	0.304
2019-04-24	289.48	4.73	0.23	14383.5	14383.5	0.00	0.00	0	Y	-45125	14239.66	1.01	13718	0.304
2019-04-25	289.3	3.89	0.19	14410.13	14410.13	0.00	0.00	0	Y	-45125	14239.66	1.20	13719	0.304
2019-04-26	290.65	4.92	0.23	14443.89	14443.89	0.00	0.00	0	Y	-45125	14239.66	1.43	13721	0.3041
2019-04-29	291.1	4.69	0.22	14476.14	14476.14	0.00	0.00	0	Y	-45125	14239.66	1.66	13723	0.3041
2019-04-30	291.25	4.09	0.19	14504.3	14504.3	0.00	0.00	0	Y	-45125	14239.66	1.86	13724	0.3041
2019-05-01	289.06	2.09	0.10	14518.75	14518.75	0.00	0.00	0	Y	-45125	14239.66	1.96	13726	0.3042
2019-05-02	288.44	1.82	0.09	14531.34	14531.34	0.00	0.00	0	Y	-45125	14239.66	2.05	13728	0.3042
2019-05-03	291.26	2.66	0.13	14549.73	14549.73	0.00	0.00	0	Y	-45125	14239.66	2.18	13731	0.3043
2019-05-06	290.06	1.96	0.09	14563.34	14563.34	0.00	0.00	0	Y	-45125	14239.66	2.27	13733	0.3044
2019-05-07	285.22	-0.22	-0.01	14561.8	14563.34	-0.01	0.00	1	Y	-45125	14239.66	2.27	13735	0.3044
2019-05-08	284.82	-0.44	-0.02	14558.77	14563.34	-0.03	0.00	2	Y	-45125	14239.66	2.27	13737	0.3044

续表

日期	调整后的标普500指数	标普500指数X天表现（%）	X天每日平均表现（%）	X天平均VAMI	VAMI最高值	当前回撤（%）	非常舒适的回撤（%）	当前回撤天数	是否舒适?	累积不适程度（%）	激增低点$	当前激增（%）	累积舒适程度（%）	舒适度比率
2019-05-09	283.96	-0.23	-0.01	14557.2	14563.34	-0.04	0.00	3	Y	-45125	14239.66	2.27	13740	0.3045
2019-05-10	285.39	-0.07	0.00	14556.75	14563.34	-0.05	0.00	4	Y	-45125	14239.66	2.27	13742	0.3045
2019-05-13	278.22	-2.55	-0.12	14539.07	14563.34	-0.17	0.00	5	Y	-45125	14239.66	2.27	13744	0.3046
2019-05-14	280.73	-2.33	-0.11	14522.94	14563.34	-0.28	0.00	6	Y	-45125	14239.66	2.27	13746	0.3046
2019-05-15	282.38	-1.69	-0.08	14511.23	14563.34	-0.36	0.00	7	Y	-45125	14239.66	2.27	13749	0.3047
2019-05-16	284.99	-0.85	-0.04	14505.37	14563.34	-0.40	0.00	8	Y	-45125	14239.66	2.27	13751	0.3047
2019-05-17	283.15	-1.25	-0.06	14496.76	14563.34	-0.46	0.00	9	Y	-45125	14239.66	2.27	13753	0.3048
2019-05-20	281.28	-2.09	-0.10	14482.31	14563.34	-0.56	0.00	10	Y	-45125	14239.66	2.27	13756	0.3048
2019-05-21	283.81	-1.30	-0.06	14473.38	14563.34	-0.62	0.00	11	Y	-45125	14239.66	2.27	13758	0.3049

- 舒适度比率为累积舒适程度与累积不适程度的比值。
- 舒适期累计见"累积舒适程度"。
- 不适期累计见"累积不适程度"。

表格示例

在表 4 中，在"是否舒适？" 一栏下方，我列出了从不适转向舒适的一小段时间。在不适期，"累积不适程度"一栏每天会随当前回撤而增长，而"累积舒适程度"一栏则保持不变。在舒适期，"累积舒适程度"一栏每天都在增加，而"累积不适程度"一栏保持不变。

本示例中，回撤收益率和时间阈值分别设定在–5% 和 100 天。显然，降低回撤收益率阈值或增加回撤时间阈值的天数，再以同样的方式计算，可以提高同期的 ETR[①] 舒适度比率。本表格截取内容摘自 enjoytheride.world 网站上的更新版 ETR Trading Tools for Excel。

结论和建议

我认为，ETR 舒适度比率无疑更为准确地衡量了投资者和交易员在做出"坚持到底"还是"及时抽身"的决策时更为关心的是什么。比率本身可能不是特别有用，但用户可以用其他策略或管理方案的 ETR 舒适度比率来进行比较。比率越高，你对策略的舒适度越高；比率越低，你对所投资的策略担忧就越大。

---

① ETR 为 Enjoy The Ride 的缩写，即"享受这段旅程"。——译者注

要记住，除非客户或交易员继续使用策略并让长期业绩成真，否则长期业绩并没有用。我作为资金经理遇到的最大的一个挑战就是：总要努力教育投资者什么才是好的投资实践，总得说服他们要长期使用这些优秀的投资实践，不要做出不合逻辑的、感性的决策。交易员面临的一大挑战便是，他们自己的策略在遭遇市场条件的考验时能否依旧坦然。多数投资者和交易员低估了他们对回撤幅度的容忍度，也低估了他们对时间流逝却分文没赚的耐心。

该计算可用于任何时期。我所展示的标普 500 指数的示例是涵盖 20 多年的每日数据。这可能是使用 ETR 舒适度比率最简单也最为常用的方式了。我也知道，很多投资者每月会根据经理人报表或经纪人报表等来跟踪他们的投资组合，所以我用 21 天来计算，大致相当于一个月的交易日。

不过，因为我们生活在即时信息的时代，如果相关人士想要深入了解每日数据，那么只要你愿意，就可以计算每日的 ETR舒适度比率。同样的计算方式，同样简单、易操作。但我的经验是，大多数投资客户无法查看每日数据，而他们将经历的市场波动又容易让他们抓狂。因此，他们最好每个月看一次数据。

ETR 舒适度比率理应是开发投资和交易策略的优秀工具，因为它可以体现出在投资或交易中使用该策略的舒适度。历史模拟结果肯定不能预测未来利润，这句老生常谈的免责声明确实不可撼动，但一项策略的历史波动性与其未来表现往往更加吻合，我也预计策略的舒适度比率会随时间的推移在一定水平内保持稳定。

　　投资者倾向于在市场强劲且再创新高时投资，又在经历下跌时心生恐慌，跌至谷底时撤资收手。和很多市场衡量指标一样，ETR 舒适度比率也很可能适用于衡量投资者和交易员情绪，因为随着指数升至非常高的水平，市场就有可能进入超买状态，投资者们也极为兴奋。当对该市场的舒适度较低时，投资者就可能讨厌该市场，使得市场处于超卖状态，并很可能由此上涨。我们有必要对此时的 ETR 舒适度比率进行更多研究。

结合再平衡策略的资产配置有望增值

为何要应对资产配置策略和资产再平衡这类麻烦事？

每个月，我们都会收到不同客户发来的传真、邮件和电话，他们想聘请我们为其增加、撤销或是重新分配投资。这对客户和我们来说都是很大的工作量。我们有一项方案可谓是优中选优，其中包含五种不同的策略，各有各的风险回报率、保证金要求和独特属性。这让我们也遇到了客户所面临的难题：对每项投资应分配多少资金，以及我们应多久进行一次重新配置。我们在 Trendstat 的目标就是用这些概念来提高风险回报率，因此，我在本研究中对管理资产配置的一些方面进行了测试。

研究背景

首先，我需要一个基础案例，为此，我将上述五种策略结合在一起（为每种策略分配 20% 的资产，不进行资产再平衡），然后让它们各自在 86 个月的时间里产生利润和亏损，我们从中获得数据。

其次，我创建了另外 3 个案例。我依然给每种策略分配
20%，但只会在每个月底将其再平衡回 20%。这种概念被称为
"罗宾汉"（Robin Hood）资产配置法，即从热门投资中获取资产
（劫富），分配给冷门投资（济贫）。早在 1994 年 6 月，我便在
一本杂志上发表过关于这一概念的论文。

再次，我根据该投资在历史上任何 20 天内的极端波动率的
倒数，使用我们的资产配置策略。我在内部进行的研究表明，该
策略要比传统的基于波动率的配置方案更稳健。我们目前以这种
方式配置我们主推的这款"最佳方案"。

最后，我将再平衡和极端波动的概念相结合，以确定二者共
同作用时的效果。我使用了很多回报率、风险和风险回报率的标
准衡量方式来分析这些案例。

研究结果

我预计基础案例会有更高的回报和潜在风险，因为移动更快
且成功的策略不会对投资组合进行再平衡，它会在此后连续数年
抢占投资组合中更大的份额。这一结果出现在表现最好的月份以
及 12 个月的最佳、最差收益率，基础案例在这些数据中获得了
最佳结果。

再平衡案例的每一个风险回报率数值和风险数值都比基础案
例高。该策略还提高了衡量期赢利月份的百分比。在所有测试案
例中，投资组合再平衡案例产生了衡量期最佳的年化回报。按照

你设计的方式配置投资组合是很有意义的，如本案例所示，即便权重相等，也讲得通。

　　所有的投资者和 FOF 经理都想用比等权重配置投资组合更好的方式。我们已经发现，根据极端波动率来配置投资组合是行之有效的，因为它有力地应对了那些市场以极端波动率移动，以及可能产生巨额利润或亏损的艰难时期。该案例假定，我们根据极端波动率配置投资组合，然后让它由此浮动，不进行再平衡（见表 5）。

表 5　投资组合配置和再平衡的各种方法

	基础案例	再平衡	极端波动率	两种概念结合
整体情况（%）	17.42	**17.83**	16.61	17.25
最大回撤（%）	−11.73	−9.91	−8.57	**−8.09**
最佳月份（%）	**12.18**	11.64	11.36	10.62
最差月份（%）	−9.08	−8.87	**−7.87**	−7.91
月标准差（%）	4.17	4.00	3.68	3.59
收益回撤比（%）	1.48	1.8	1.94	**2.13**
收益率/标准差（%）	4.18	4.46	4.52	**4.8**
最佳 12 月收益率（%）	**41.21**	40.12	40.47	38.55
最差 12 月收益率（%）	**0.98**	−1.31	−2.87	−3.47
索提诺比率（%）	1.88	2	2.01	**2.16**
夏普比率（%）	1.26	1.31	1.26	**1.32**
赢利月份百分比（%）	65.10	67.40	67.40	**68.60**

　　加粗数值用于突出显示所有案例中的最佳结果。

计算方式：

索提诺比率 = 年化收益率 / 年化亏损月份

夏普比率 = 年化（月度收益率−月度国库券利率）/

所有 12 个月滚动周期的标准差

该方法还提高了除夏普比率外的每一项风险回报率指标，其赢利月份百分比也高于基础案例。

最后，我将资产配置策略结合起来，每月将其再平衡为基于极端波动率的目标配置。这就是我们执行"最佳方案"的方式。在此案例中，我们获得了所有案例中的最高风险回报率、几乎最低的风险指标以及稍低一点的收益率。其赢利月份百分比是最高的。

研究表明

该研究的首要成果就是重申了我的信念，即一项合理的资产配置策略，其表现要优越于一个拼凑出来的等权重投资组合。它还表明，投资组合再平衡会不断提高风险回报率。二者相结合会更加有效，能明显为投资组合整体增值。

大多数投资者和 FOF 经理都有配置策略，哪怕是全权委托他人或是自己独断选定。客户本能或本该尽可能频繁地对其投资组合进行再平衡，但是根据我作为资金管理人的经验来看，并非所有客户都是如此。本研究的第一个作用是能鼓励投资者使用配置和再平衡技巧，从而帮助提升客户的风险回报率。

本研究的第二个作用就是支持为个人投资者创建独立经理、多策略基金的模式。FOF、集合基金操盘手和家族理财办公室多年来一直知道，使投资组合多元化能提高风险回报率。然而，这些投资者的一大劣势在于，他们必须把投资配置到已实现商业应用的策略上。这便将很多策略排除在外，这些策略容量有限、最低保证金高于投资者的负担能力，或者盈亏状况异常以致经理不能或没有将其商业化。

个人投资经理则没有这样的限制。他们几乎不用考虑潜在客户的想法，那些旨在使独立经理、多策略方案多元化的策略，他们想用多少就用多少。在多策略基金的设计阶段，他们的目标便是将多种他们认为能为客户实现最佳风险回报率的策略结合起来。通过制定理性的策略、配置合理的方案、再频繁将其再平衡回目标水平，个人投资经理定可以为整体投资结果增值，利用这些策略获得最佳的风险回报率。

关于动荡期保持良好投资心理的思考

回想 2001 年 9 月 11 日到 17 日这几天，我不禁想起自己当时看了布鲁斯·威利斯（Bruce Willis）的一部电影。只不过，我还未看到电影的结局——那种正派怀揣极大的偏见除掉反派的桥段。我通常把人生看成是一部电影，你能猜到情节的走向，但有时情节的发展却会出乎你的意料。你能记得情节发生在何处，但再也无法复旧如初。正如电影一般，你真实可见的人生桥段只有眉睫之间的咫尺光景。

交易很像人生电影。"9·11"事件令人大惊失色、胆战心惊。但是，在那一刻，以及此后的每一刻，优秀的投资者和交易员都要专注于当下的分分秒秒。情况可能会变，但永不改变的，应是对现状的关注。预测未来或回忆过去或许有其引人之处，而媒体又乐于对世界演进的 50 种不同方式大加猜测。

然而，预测未来无法让你专注于当下你该做且能做的事。你无法改变去年做的交易，也无法改变下周做的交易，毕竟下周尚未到来。我只能做当下的交易，或是输入当下的指令。关注当下，交易员就能保证他为当前动荡的形势做好了准备。

股市的上涨期、下跌期和横盘期

（2018 年更新版）

研究目的

1992 年，我做了一项关于市场在上涨、下跌和横盘期的用时研究。当时，该研究有以下几个目的：

1. 它让 Trenstat 闻名于资金管理界；

2. 它再次说明了市场择时在降低风险方面的价值；

3. 它帮助我个人在寻求交易回报时更有耐心，因为在交易总时长及交易总量中，能产生大部分利润的寥寥无几。

研究方法

原始的研究分析了 1964 年 1 月到 1992 年 7 月的数据，当时，Trendstat 的模型过分复杂，难以解释，所以我用了一个简单的指数移动平均线（EMA）交叉模型来创建买入和卖出信号。在新版研究中，我决定创建一种长期、易于执行的策略，使用 10 天的 EMA 与

50 天的 EMA 相对比。当 10 天的均线越过 50 天的均线上行时，我将其评为"买入"信号；当较短的均线越过较长的均线下行时，我视之为"卖出"信号。为了简单起见，我只使用了收盘价。

然后，我将所有这些信号分为上涨市场、下跌市场和横盘市场。为此，我假定，任何产生至少 +5% 收益率的"买入"信号为"上涨"市场。市场下跌至少 5% 的任何"卖出"信号都被视为"下跌"市场。如果某一信号出现–5% ~ +5% 的收益率，则该移动基本没有明确方向，因此我评定其为"横盘"市场。

然后我用这些数据运行程序，通过不用的方法对结果进行了汇总。

指数移动平均线

请允许我暂时说些离题的内容，我们来定义一下指数移动平均。首先，你要根据移动平均中想要的天数来计算一个权重系数。系数公式如下：

$$权重系数 =2/（天数 =1）$$

$$10 天的 EMA 权重系数 =2/（10+1）=0.1818$$

每天的 EMA 的计算方式为：当日收盘价减去均价，再乘以权重系数，再加上前一天的均价。这种方式只把当天数据的一小部分添加到了均价中。

示例：均价为 110，当日收盘价为 120。10 天的 EMA 计算如下：

$$新 EMA=110+0.181 \times（120–110）=111.82$$

结论（参见表6）

1. 市场大部分时间（61%）都处于横盘期，在横盘期，趋势跟踪者们的增值几乎为0，甚至为负值。但是，每笔交易的价值损失都很小（–1.35%）。

2. 在上涨期（平均+14.97%）和下跌期（+12.91%亏损消失）均出现了增值。

3. 择时策略降低风险（–25.36%的最大回撤，而买入并持有策略的最大回撤为–56.78%）。

4. 上涨期仅占总时长的29%。

表6　结果

	上涨市场	下跌市场	横盘市场	总计	买入并持有	择时*
交易量	31	16	366	413	1	413
交易量占比（%）	7.51	3.87	88.62	100	100	100
天数	5767	1862	12007	19636	19636	19636
天数占比（%）	29.37	9.48	61.15	100	100	100
收益率（%）	464.03	206.56	-492.35	178.24		
复合年均增长率（%）					6.90	4.36
每笔交易平均收益率（%）	14.97	12.91	-1.35			
最大回撤					-56.78	-25.36

* 只做多被用于择时计算。

注：本研究使用的数据库是从1964年1月2日至2018年10月1日的54.75年的数据。

5. 下跌期仅占总时长的 9%。

6. 10 天和 50 天的指数交叉系统衡量了每年约 6.5 个交易回合（13 笔交易）。大致为每月一次，所以交易择时并不活跃。

7. 买入并持有策略之所以优于择时策略，是因为衡量期股市整体趋势向上。

8. 多头择时策略产生正回报，尽管低于买入并持有策略，但在该过程中，择时策略风险要小很多。

我对该结果的看法：

交易中收获快乐与长期成功的关键就是要保持自律，且在策略表现符合预期的情况下坚持策略。如果你身处股市，却有 61% 的时间没有明确的市场方向，那么你就得意识到，自己的交易大部分时间处于横盘期。择时仅在 39% 的时长内才会增值。提高耐心，给策略充足的时间让其历经上涨、下跌和横盘期，看看它会如何应对每一类市场，倘若如你所期，则坚持到底。

此外，我发现，当形势变糟时，很多交易员就会坚持不住。我不知道有多少交易员在面临 56% 以上的跌幅时还能坚守阵地，我自己都不见得。所以，从我为客户管理资金以及我作为交易员的经验来看，我可以说，我认识的人中很少有能真正坚守住买入并持有策略的。时间越久，风险越大，该策略迟早会被放弃。交易时，根据趋势调整投资组合更有助于保持投资者的心理平衡，这样他们就能坚持计划。在处境于己不利时，他们永远不会耽搁太长时间，永远不愿损失太多。

再论市场择时模型

各种各样的争论充斥我们的耳畔。

买入并持有策略的"信徒们"会发誓称：择时模型绝不可能制胜市场。他们会谈及择时模型的成本，会指出你只谈错过股市黄金期的所有损失，但不谈错过低谷期的情况，以及对投资者投资组合和心理的影响（对心理的影响更甚）。他们会把一切说得错综复杂、难以执行，仿佛只有白痴才会选择择时模型。

那我们就一定要做狂热的粉些，因为我们已经通过各种形式做了 17 年的市场择时模型了，用买入并持有策略应对股市时我总是不太放心。金融顾问们不该说择时模型不起作用，而是该把它看成是另一种以不同的、较低的风险回报流进行投资的方法。我认为，每个人都应考虑在多元投资组合中纳入某种形式的定时投资模型。

构建合理的择时模型研究

我们要理解择时模型的构成。以下是一个简单但有效的择时模型，任何人都可以将在计算器或电子表格上用简单的移动平均线这种趋势跟踪策略作为市场择时模型。

移动平均线通过最大程度降低每日市场波动的干扰，让我们能专注于市场的整体走势。想象一条结合了多日价格的移动平均线，这可以降低任何一天对你决策的影响。很多顾问会使用不同的移动平均，因为这些指标确保了投资者能参与市场的每一次重大上涨。

若笃信移动平均，它便不会让你错过重大市场移动。移动平均还能在某一时刻帮助经理从下跌期抽身，保住投资组合的部分价值。但使用移动平均的负面影响是，在市场横盘期及动荡期，移动平均往往会给出大量持续时间不长的信号，导致短时间内交易频繁，其中很多交易以亏损告终。这些交易通常被称为洗盘。

我们用 0.05 的平滑常数创建一条慢速平滑移动平均线。本报告结尾会给出具体的数学公式，再用 0.3 的常数创建第二条快速 EMA。和大多数简易移动平均策略一样，当较快的移动平均高于较慢的移动平均时，我们希望购入该项投资；当其低于较慢的移动平均时，我们就想卖出该项投资。出市时，我们将 3 个月的国债券收益率计入账户；入市时，我们投资于标普 500 指数。由于标普 500 是一个指数，投资者无法直接投资于该指数，但是，标普 500 有一些代理，包括指数基金和各种交易所交易的指数基金。

对择时模型的一种批判之声在于，交易成本并未被纳入研究，导致交易回报过分乐观。投资者可以免费买入并持有一笔标普 500 指数基金，但我认为一笔指数基金每年会有 0.2% 的费用比率，因为我发现很多指数基金的费用比率都处于这个水平。无佣金基金没有其他成本，我们可以通过免费电话，有时还能通过互联网轻松买入和卖出。

对很多择时模型的另一种批判之声是，资金经理用收盘价做择时决策，然后以收盘价标榜择时投资组合。其中的问题在于，直到收盘时你才知道自己该不该买入，但为时已晚。要想为市场正确择时，我们简易的示例模型将用收盘数据计算买入和卖出信号，然后在次日收盘时买入或卖出。这能让我们有一整天的时间筹备共同基金交易。

我收集了自 1960 年 1 月起的标普 500 综合指数（含派息），并将其作为研究的起点。对于资金市场，我使用同期的联邦储备经济数据库（FRED）的 3 月期的短期国库券收益率。

完美择时模型的潜在目标是什么？

我们关注的是市场择时的潜在利益。倘若我们每天都能做出完美的预测，那该有多好？为了找到这种感觉，我们使用了标普 500 指数和短期国库券。如果股市涨幅超过短期国库券收益率，我们就将按标普 500 指数计算的股票回报减去共同基金成本的结果计入账户。如果短期国库券的收益率超过标普 500 指数，我们就按国库券的利息记账。

在我们收集的这 41 年的数据中，完美择时的年化收益率达

+142.7%。夏普比率为 6.78——这是我见过最高的比率之一。该夏普比率的计算方式是用年化收益率减去无风险收益率后除以收益率的标准差。当然，当我们以理想方式为市场择时，没有一天属于下跌期。

能做出完美预测的投资者需要在这 41 年的时间里做 4648 笔交易，或每年 113 笔交易——工作量很大。最好的 250 交易日（约为一年的交易日）完美择时滚动期的年化收益率高达 +372.3%，而最差的 250 交易日滚动期的年化收益率也会多达 50.3%。

这现实吗？我会第一个站出来反对，但它能帮我们体会到我们用任何择时技巧试图达到的潜在规模。

简易择时模型的表现

为测试择时的有效性，我们的简易策略需要简单易行，不会令投资者紧张焦虑、压力过大。本方法使用上述两种移动平均线，41 年间只产生了 335 笔交易，平均每年 9 笔交易。大多数投资者都不会觉得这是沉重的负担。

这一简易择时策略在 20 世纪 60 年代和 70 年代的大部分时间内表现出色，这在我的意料之内。但在 80 年代后期，买入并持有策略终于能和择时策略比肩。到了 90 年代的牛市期间，买入并持有策略轻松胜出。

图 5 展示了使用标普 500 指数的买入并持有策略与短期国库

券收益率和择时策略的对比。20世纪六七十年代，市场是择时市场，择时策略开局良好。80年代早期，投资大众收获了非常高的利率，所以短期国库券收益率不错。最后，买入并持有策略在80年代末和90年代表现良好，奋勇直追，且回报超过了另两种策略。

（1960年1月4日至2000年12月13日）

简易择时策略相较买入并持有策略表现良好。有趣的是，在1983年，也就是本研究衡量期的第23年左右，T-Bills收益率高于买入并持有策略。但在衡量期的大部分时间内，择时策略始终领先于我们的资金市场基准，见图5。

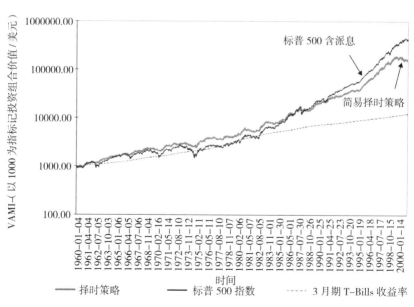

图5　简易择时策略的表现 VS 买入并持有策略的表现

更多研究结果

我们查看了交易、回报和风险方面一些不同类型的常用数据，以便了解我们对策略的适应程度。结果见表 7。

表 7

	收益率 / 年（%）	最大回撤（%）	最长回撤天数	由高到低平均回撤（%）	交易量	交易量 / 年	月标准差（%）	年标准差（%）
标普 500 指数的买入并持有策略	15.9	−45.2	1344	−5.6	1	0	4.3	19.1
3 月期短期国库券	6.3	0.0	0	0.0	166	4	0.2	2.6
简易择时模型	13.2	−20.1	777	−4.3	335	8	3.3	16.0
两种策略结合（各占 50%）	14.7	−30.8	1089	−4.5	336	8	3.6	17.0
完美择时	142.7	0.0	0	0.0	4648	113	3.9	19.3

注：来自 1960 年 1 月 4 日至 2000 年 12 月 13 日的数据。

表 7 中的数据也没有太多出乎意料之处。正如我预料的一般，择时模型的风险低于买入并持有策略，因为在衡量期内有时会购买被视为无风险的短期国库券。择时模型也使最大回撤变得更易接受。在 1973—1974 年，市场跌幅超过 45%。很多投资者在蒙受巨大损失的情况下割仓，并发誓永不重返股市。如今的大多数投资者要么从未经历过如此大的投资重创，要么单纯忘记了

股市可以出现如此巨大的跌幅，要么以为现在的股市流行着不同的规则。

　　简易择时策略将投资者经历的最长回撤天数从标普500买入并持有策略的1344天（约3.7年）降至777天（约2.1年）。择时策略的平均回撤也更低，使得投资者能更为坦然地度过股市艰难期。

　　表8展示了一些风险回报率的衡量指标。择时模型的收益回撤比最大。这表明，择时模型能为投资者承担的每一单位最大回撤产生更多回报。二者的索提诺比率相近，但买入并持有策略要略高一点。该索提诺比率仅衡量损失月份的回报与损失比。夏普比率可能是最受欢迎的风险回报率指标，但我本人对其好感度最低。它意味着收益率呈正态分布，而主动式管理的策略几乎从未实现过收益率的正态分布。买入并持有策略的夏普比率高于简易择时策略。

表8

	收益回撤比	索提诺比率	夏普比率	与标普500的相关性
标普500指数的买入并持有策略	0.35	3.46	0.49	1.00
3月期短期国库券	—	—	0.00	-0.04
简易择时模型	0.65	3.37	0.42	0.73
两种策略结合（各占50%）	0.48	3.54	0.48	0.73
完美择时	—	—	6.78	0.81

注：来自1960年1月4日至2000年12月13日的数据。

　　最佳的索提诺比率是买入并持有策略和择时策略各占一半。

这使得回报流发生了明显变化，从而使整个投资组合的索提诺比率较择时策略有轻微的改善。择时策略与标普 500 的相关性为 0.73。即便是批判择时策略的人们也该意识到，为任何投资组合引入不同的、相关性低的回报流都会对整个投资组合有益。

既有黄金期，也有低谷期

我想我曾在同一篇研究中看到作者引用了 15 次批判择时模型的言论，就因为择时模型错过了股市行情最佳的 10 天、20 天，导致其可能错失了某些收益。看起来好像还有点道理，但若转念一想，不妨研究研究择时模型在错过股市低谷期时会给我们带来哪些可能或收益？

如表 9 所示，在我们的数据库中，市场最差的一天出现在 1987 年 10 月 19 日，那日的崩盘导致亏损高达 20.4%。很多投资者或许已不记得那日，他们和我一样，坐在报价机前，目睹道琼斯指数每隔几秒就跌 5 个点，然后意识到由于恐慌性抛售的数量巨大，你看见的比现实情况落后了一个小时之久。银行在次日不得不出手干预，为市场注入流动性并防止大家担心的金融体系崩溃的惨状出现。很多人都认为，整个系统摇摇欲坠。而现在，大幅下跌被视为买入的良机，抛售则是"获利回吐"。但大家真的都以为，市场下跌之际，人人都会获利吗？

表 9

	最佳 10 日总收益率（%）	最差 10 日总收益率（%）	单日最佳收益率（%）	单日最差收益率（%）	250 日滚动期最佳收益率（%）	250 日滚动期最差收益率（%）
标普 500 指数的买入并持有策略	53.7	-77.3	9.1	-20.4	74.0	-41.6
3 月期短期国库券	1.6	0.1	0.2	0.0	15.6	2.8
简易择时模型	37.9	-49.5	5.2	-6.8	64.4	-17.1
两种策略结合（各占 50%）	39.3	-56.5	5.2	-10.2	67.6	-28.3
完美择时	53.7	0.1	9.1	0.0	372.3	50.3

注: 来自 1960 年 1 月 4 日至 2000 年 12 月 13 日的数据。

　　我们的简易择时模型注意到了市场崩盘前的下行趋势，并在崩盘前 10 天略低于短期国库券的收益率。择时模型的单日最差收益率仅为-6.8%，大约是投资者们现在习惯看到的科技股每日波动的水平。

　　择时模型的批判者们没有意识到的，或是不想谈及的，便是亏损对投资组合的灾难性影响。买入并持有策略在最差的 10 日让投资者的亏损总计达 77.3%，而同期择时模型的亏损仅为 49.5%。结合最佳 10 日和最差 10 日的收益率影响来看可知，买入并持有策略的总收益为–23.6%。倘若简易择时模型错过了最差 10 日和最佳 10 日，其收益率依然会比买入并持有策略高出 12.0%。

　　显然，市场下跌时的情绪影响远比上涨时大，这或许是因为市场下跌期投资者们的恐慌心理比市场上涨期的热情心态更甚。

　　如果我们来看一下 250 日滚动期的数据，择时模型依旧稳操胜券。将 250 日滚动期的最佳和最差收益率相加比较，择时模型的总收益率为 47.3%，而买入并持有策略为 32.4%。纵观所有令股民们挂心不已的时期，不论是上涨期还是下跌期，我都可以得出这一结论，即择时模型更为明智，因为它提供了较低的风险、较小的情绪压力和较为可观的收益率。

年收益率

　　我喜欢研究下跌期，因为正是下跌期才能让投资者倍感压力，从而导致他们放弃既定的投资计划。无视投资者行为是很多学术研究中的一大疏忽。现实情况是，投资者不喜亏损，却又往往做出情绪化的决定，尤其是在看到自己的投资组合出现亏损时更是如此。为分析下跌期，我们在图 6 中绘制了每 12 个月周期（从 2 月到次年 1 月底）的年收益率。买入并持有策略有 8 个亏损的 12 个月周期，而简易择时模型共有 7 个亏损周期。更重要的是，你可以直接观察到，择时模型的跌幅（以及由此产生的痛苦和压力）远小于买入并持有策略的某些较大跌幅。

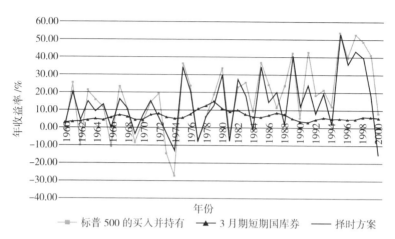

图 6　简易择时策略、买入并持有策略与短期国库券的年收益率对比
（1960 年 1 月 4 日至 2000 年 12 月 13 日）

对月收益率排序

　　分析两种策略的另一方式就是从最差到最好对二者的收益率排序并进行比较。在图 7 中，我们绘制了两种策略排序后的月收益率，可以看出，择时策略降低了低迷月份的部分风险，也放弃了上行月份的部分业绩。按月计算，两种策略的赢利期和亏损期数量大致相同。

择时模型对投资者有益的真正原因

　　我认为，考虑为客户的部分投资组合使用择时模型的最重要

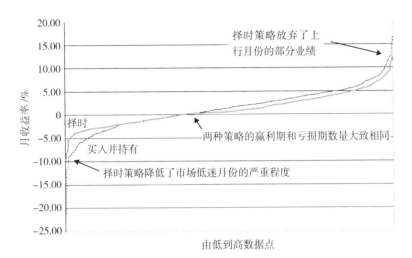

图7 标普500的买入并持有策略的月收益率排序 VS 简易择时策略的
月收益率排序（1960年1月4日至2000年12月13日）

原因，是我无法用这些数据阐释的。我这24年来管理客户资产
的经验表明，投资者们追求丰厚的回报，他们会买入近期表现良
好的资金产品，也会在市场表现不佳后以较低价格卖出。这也就
是为什么有大量研究表明，投资者对资产的实际择时损害了整体
投资表现。

　　若所有的研究都表明客户实际择时徒劳无益，那我们又为什
么希望为市场择时模型呢？答案在于，客户实际择时更多是受其
心理驱使，而非逻辑决定的。我们的简易择时模型（或是很多投
资经理使用的更为复杂的择时模型）促使投资者在市场上涨时买
入，而非质疑市场趋势或是上涨时长。该模型也会促使投资者在
收获巨额利润、怀揣高涨情绪但市场开始走低后进行抛售，它有

助于为普通投资者提供他们所缺乏的自制力。

　　促使我在自己的投资组合中使用择时模型的另一个心理因素是，我太了解自己了，我知道自己不会在1973年和1974年的两年时间里死守着买入并持有策略，眼睁睁看着自己的投资组合下跌48%却毫无作为，只在心里默默祈祷它终有一日能回到原状。择时模型能给我带来精神鼓舞，让我对市场风险做出反应，随时间推移调整目前的风险敞口。知道自己能"截断亏损、让利润奔跑"，我倍受鼓舞。它让我每天都能把投资思维聚焦到正确的事情上，而不是屈从于大多数投资者在涨跌起伏的市场中经历的各种情绪波动。

　　如果投资者的思维不够敏锐，行为不够自律，那市场便会让投资者明白什么才是真正的风险。除非投资者认同"新"经济创生出一个摇钱树般永远上涨的股市，否则他们就该考虑至少为其多元投资组合中的一部分使用专业管理型择时模型。

构建 EMA 的数学公式

今日快速移动 EMA=
昨日快速移动 EMA+0.3（今日价格-昨日快速移动 EMA）
今日慢速移动 EMA=
昨日慢速移动 EMA+0.05（今日价格-昨日慢速移动 EMA）

风控体系

摘自迪安·E. 伦德尔（Dean E. Lundell）的《成为 CTA 的指南》（*Guide to Becoming a CTA*）。

新头寸风险

1. 用交易系统设定买入价。

2. 设定止损退出价。

3. 将买入价和止损退出价的价差换算成每份合约的金额。[例：黄金买入价每盎司 400 美元，止损退出价 390 美元（跟踪 10 日收盘价均线）。账户规模：200000 美元。]（400–390）× 100 美元 / 基点 = 每份合约 1000 美元的风险。

4. 用风险的交易金额占比确定每笔交易的风险。200000 美元 × 1%= 每笔交易 2000 美元。

5. 用每笔交易的风险除以每笔合约的风险，计算出买入某一头寸需要的合约数。每笔交易 2000 美元的风险：每份合约 1000 美元的风险 =2 份合约。

持续性风险敞口

1. 确定每笔现有交易的风险限额的交易金额占比，如 2.5%。

2. 根据价格和止损退出价的变化确定每份合约的风险，（450–405）× 100 美元 / 基点 =4500 美元。

3. 根据投资组合交易金额确定可容许风险水平，210000 美元 × 2.5%=5250 美元。

4. 用可容许风险水平除以每份合约的风险，得出需持有的合约数量，5250 美元 ÷ 4500 美元 =1.167（取整为 1）。

为使这一相对简易的风控体系更为复杂一些，你可以在不同市场间进行多样化的投资配置，也可以控制投资组合的整体风险。就我个人而言，我觉得这有点像挤出海绵里的最后一滴水。

衡量期货波动性

摘自迪安·E. 伦德尔的《成为 CTA 的指南》。

每日波动

1. 取最近两个交易日的开盘价、最高价、最低价和收盘价。

2. 取昨日收盘价或今日最高价中的较高者，以及昨日收盘价或今日最低价中的较低者，计算两者的差值，用该差值确定过去 24 小时的交易期内市场价格波动的"真实区间"。

3. 将以最小变动单位计的"真实区间"换算成每份合约的金额，用以确定日均波动。3 美元的平均真实区间 100 美元 / 基点 = 每份合约 300 美元的平均波动。

4. 根据你的交易策略，计算这些数字的日均值，可能为 10 日或 20 日。

5. 计算合约数量的方法如下：首先，用账户资金乘以你预期的波动性限额百分比（例如，1%）。其次，用得数除以上文中每份合约的平均波动，确定持有合约的数量，（2000000 美

元 ×1% ）/300 美元 =6.67 份合约（取整为 6 ）。

6. 比较该方式得出的数值与持续性风险敞口计算所得的数值，取二者中较小的那个。

趋势跟踪的逻辑以及如何提升交易心态
——与金融怪杰汤姆·巴索的访谈

阿龙·法菲尔德与汤姆·巴索的访谈

2015 年 7 月 22 日

阿龙：我重新阅读了你在《新金融怪杰》中的采访，也听了你在迈克尔·科维尔的播客上做的一些采访。这些采访都颇具洞见，所以今天我也非常高兴能请你前来与我们分享。

可不可以简单介绍一下自己以及你广为人知之处？

汤姆：没问题。我是 Trendstat 资本管理公司的前创始人兼总裁，该公司运营了约 28 年之久。我最初是名化学工程师，然后进入交易界，一切就这样自然而然地发展了下去。最开始，我做股票交易，然后又做了点债券交易，也做了些期权交易。之后又从事期货交易，拓展到了约 80 个不同的期货市场，最终又进入到货币交易的领域，我最后的大部分资金都源自于此，但是我仍在做共同基金和期货交易。

我们在巅峰时期大致管理了 6 亿美元的资金。所以，我们在美国注册为交易顾问和注册投资顾问。

公司 2003 年关闭，过去 12 年，我一直在享受退休生活。

阿龙：这个开场很惊艳啊。我很想听你讲讲，你最初是如何进入交易界的，又是什么吸引你进入金融市场的。

汤姆：我有化学工程师的背景，所以我清楚美国经济有繁荣也有萧条。每次经济繁荣时，工程师就会受雇；每次经济萧条时，工程师就会被解雇。我不想被解雇，同时也想至少留个后手，于是就决定在赚钱的同时最好也存些钱。

存着存着就攒了一大笔钱，我打算拿它来做点什么，而不是单纯存到银行里。有些同为化学工程师的朋友在午餐时提到股市，这吸引了我，于是我们创建了一个股票投资组合，这样我也能参与到他们的对话当中来。

后来就引出了投资俱乐部的事，最后我们经营起了投资俱乐部，它最终发展成一家小型投资顾问公司。我和其他几位同事合作，推进了公司的运转。这家小公司渐渐发展成规模庞大的企业。我最终出手了该公司的股份，转而成立了 Trendstat。我不仅想管理自己的资金，还想管理客户的资金，所以 Trendstat 便是我持戈试马之地。

时间一天天过去，我们不断发展壮大，在交易的复杂性、市场数量等方面实现了一次又一次跃升，最终功成名就。

阿龙：你提到你一开始是位化学工程师，有没有哪些你作为工程师时的技能被你用到了交易上？

汤姆：最有目共睹的一项技能叫作"过程工程"。这是你作为化学工程师会学到的第一课——将旧管道插入水箱，使水箱灌满水，而后另有一条管道引水流出水箱。

你会了解到，流入水箱的不同水流是如何在一定时间内灌满水箱的，也会学到，流出的水流会随时间推移将水排出。当以不同的速率流入、流出时，你要能够计算出水箱里的水上涨多少、下降多少。

因此，在我的脑海中，过程工程就是进货、加工处理、再出货的过程。Trendstat 资本管理公司就是它的完美体现。我们有各种下行链路和网络连接，持续不断地传入数据，有时甚至是即时传送。

之后，我们公司别的都不做，只处理信息。我们有 40 台电脑，最多 10 个人，不做别的，只处理信息，然后就是输出，出订单、出公报、网站更新等。对我而言，这就是过程工程：获取信息、处理信息、发送信息。

你做得越快、越好、越高效，你就越成功。

阿龙：我们还是继续谈你初入行的那几年吧。回顾最初几年的经历，你有什么感想？

汤姆：回想那几年的经历，还是挺有趣的。可以说，最初的几年基本是在亏损中度过，我一直在犯错，有些踌躇，努力找寻正确的方向。我学了很多内容，比如基本面之类的东西，还看了很多时事通讯，读了一篇又一篇的观点评论，读到自己一头雾水。

我意识到，交易员迟早要为自己做的事承担个人责任。而若想做到这一点，唯一的方法就是将一切简化，这样你就可以说：

"我是怎么进行交易的？收集数据，查验或处理数据，然后发送一批订单。"当我以高效、虔诚和自制力完成这套操作后，我就能分析该方法是否起效。如果不起效，我就可以对其进行修改完善，让自己成为越来越优秀的交易员。

最初的几年其实一直在亏损。这需要我拥有大量的先见之明、战略知识和耐心，才能坚持做下去，人要撞多少次南墙才会回头呢？总之最初几年我是撞了不少。

阿龙：或许我们大多数人都忘不了自己的第一笔交易，你还记得你做的第一笔交易吗？结果如何？

汤姆：具体的我记不太清了，但我记得我当时买的是股票，是根据某人提供的内部消息买的，是铝的股票。我买入了之后才意识到，我压根就不清楚这条内部消息和铝的股市行情有什么关系。进入这笔交易后，我根本不知道自己该如何抽身。当时我甚至都不会绘制图表之类的技能，所以我觉得自己就像一条脱了水的鱼，根本不清楚自己在做什么。还好我清醒得早，也庆幸这笔交易没亏太多。亏是亏了点儿，但我觉得这是一段非常有趣的教育经历。

阿龙：你最初入行的时候，真的连续亏损了5年吗？

汤姆：这说的是我的商品交易。我记得是到第4年我才不赔不赚。第1年亏损，第2年亏损得少了点，第3年亏得更少了些，到第4年终于不亏了，但也没赚。我大概花了四五年的时间才赚取了合理的利润。

阿龙：为什么你在亏损四五年的情况下还能继续做交易呢？

是什么支撑着你不放弃？

汤姆：我为什么能坚持下去？我是名化学工程师。白天负责上班，有一份不错的收入；在石油禁运的 20 世纪七八十年代，对化学工程师的需求量很大。所以我从事着一份不错的工作，一路升职加薪。我在本职工作上评级很高，我总是加薪最多、晋升最快的那个人。我后来转到了化工行业的商业领域，并继续在这条道路上打拼。与此同时，我也在努力成为更好的交易员。

也因此，我才有了现金流。我总会把自己的交易规模控制在很小的水平，这样我在做交易时，亏损也较少，也能轻而易举弥补损失，还能扩大账户规模，改善多样性，提高波动率管控和风控量，还能实践我在初期学到的其他内容。有些需要更多资本，所以我得非常努力地多多攒钱，这样才能不断有钱进账。

我之所以能坚持下去，是因为每到年底回顾过往之时，我总能看到自己的进步。我犯的错少了，亏的钱也少了，对于那些我想捕获的市场行情，我捕获得更多了。

于是，我总觉得自己做了对的选择。我只需要不断完善，不断进步，提升多元化，降低成本就行。就这样一步一个脚印，我终于实现了目标。这是段漫长的旅程。

阿龙：你觉得有没有什么办法，本可以缩短你从最初起步到实现赢利的学习过程？

汤姆：在当今世界，经纪人会为你提供免费的交易实践软件，让你能以很少的钱，甚至不花钱运行测试，从而诱导你通过他们交易你的账户。我现在能想到的就是盈透证券（Interactive

Brokers），当然也有其他的。

你可以购买或使用很多不同复杂度的软件，来测试你的想法并处理各种数据。我当年只有《华尔街日报》，每一本我都会精心收藏起来。我做研究的时候，就会把一期又一期的《华尔街日报》摊开，粘在一张纸上，因为迷你计算机、微型电脑这些东西当时还没有被发明出来。

所以我当时纯靠亲手操作。我会用到图表纸，会对几年的数据进行研究。为了对某一特定市场几年的数据测试某个想法，我会花上一整个周末的时间。这个过程非常烦琐，极其耗时。不过我也清楚，一旦做完，我就能利用这个想法，并且明白自己能获得何种好处、该承担何种不足。

这也迫使我作为一名交易员日复一日地与历史数据打交道。如今的交易员有设计非常复杂、多功能的软件，能针对60个不同的市场运行20年的数据。你可能会收到一个数值，说你能赚12%，但你根本不明白这12%具体是怎么得来的。研究报告的最后一页给出了这些好看的数据，你看完就会说："原来如此，我喜欢。就照这么做吧。"

你并非日日都在交易，也不清楚交易中会发生哪些你需要在心理层面上妥协的事情。不过，因为我自己是纯靠亲手操作的，所以我完全了解交易一天天的变化情况。

阿龙：你还做过哪些其他的事情来学习交易呢？

汤姆：我读了很多书，我们有一群同僚趁着午餐期间交流想法——我用这两种方式不断学习新知。

阿龙：从最初进入市场到，比方说，头 10 年的时间，有没有哪些事情永远地改变了你做交易的方式？有没有哪些顿悟时刻，某些感悟或是惨痛的教训令你永生难忘？

汤姆：我曾在《新金融怪杰》中和杰克·施瓦格谈到过一件刻骨铭心之事，它与亨特兄弟当年大量囤积白银有关。具体年份我记不太清了，但肯定是 20 世纪 80 年代的事。我当时做多白银，也本该如此。当时我的期货账户大概在 7 万 ~ 10 万美元。这数额也算正好，但还是稍少了些，结果突然之间，银价涨了起来。

我已然记不清当时签了多少合约了，大概四五份吧。我看着自己账户中的资产——今天 12.5 万美元，转天 15 万美元、17.5 万美元、20 万美元……仅一笔交易就一路涨到 50 万美元。我的账户起伏不定，一日之内便可涨跌 2.5 万美元到 5 万美元不等，涨幅触顶后又化为泡沫。当时我是名优秀的趋势跟踪者。我得守着这笔交易，得让交易滚动，让利润奔跑，截断亏损。这是原则，你必须这么做，但我实在是太守规了。

等它跌到我跟踪趋势上调过的止损点时，我的账户上已经有了 25 万美元。表面上看，这有什么问题呢？的确，我们以 5 万美元或 7.5 万美元起步，最后赚到 25 万美元。这的确是笔不错的交易，利润颇丰。

但当我最后静心反思时，我便想到自己在交易过程中经受的紧张不安，于是我暗自思索："等等。整个交易期我就非得持有 5 份或者几份合约吗？市场走势疯狂时，减少头寸会不会更合适？这样的话，针对我的投资组合，我所有的投资工具就差不多能有同等的赢利或亏损能力了，它们就能彼此分散一些。"

就这一次，白银在我的投资组合中占据了主导地位，以至于我甚至不用做其他交易。但我觉得这不对，于是我开始对波动性占投资组合交易金额百分比的问题做大量的研究。Trendstat 多年来成功的秘诀便是波动率控制，其初期版本就是我从那时起开始创建的。除此之外，风控模型也在不断演进，这也是我们 Trendstat 的一大法宝。它可以限制特定市场对投资组合的风险，也可以限制投资组合的波动性——二者都以交易金额占比计算。

有了这二者，投资业绩就更容易预测也更稳定，赢利能力也能有所改善。我想，它能让我的合约数量恰到好处，不会出现某一个市场大量亏损的情况。我最终在 Trendstat 的诸多案例中都实现了按交易金额占比计算保证金。当时我们有能力将真正多元化的投资组合结合到一起，它们让所有市场自主主导盈亏。

这便是我人生中的顿悟时刻，毕竟白银交易的经历着实让我夜不能寐。

阿龙：能否具体解释一下波动控制占交易金额百分比的含义？其他交易员该如何调整这一比例来更好地管理资本？

汤姆：很简单。我可以给你具体的公式：选取某一市场，计算出一份期货合约的当日最高价和最低价的差值对应的美元价值或任何你所在地区的币种价值。以我们的情况为例，就是美元。得出的数值就是当天该市场上一份合约的波动幅度。我用的是日波动性的 20 日指数平均，当然你也可以用其他你想用的方法，原理都类似。你由此可知过去 20 天内该期货价格的涨跌情况。

1000 美元的合约有涨跌吗？ 200 美元的合约有涨跌吗？ 500 美元的合约情况又如何？ 总之，它能让你清楚期货价格的涨跌情况。倘若与你的预期不谋而合，它每天能赢利多少；倘若与你的预期背道而驰，它每天又会亏损多少；你心里都能有数。

一旦我得出这个数值，就用它除以交易账户的美元金额。假设，我做一笔 10 万美元的交易，该市场单日最高价与最低价价差为 1000 美元，则该合约的波动性占资产百分比为 1%，即 1000 美元除以 100000 美元。

我们最终在 Trendstat 交易了 80 几个不同的市场，每个市场都有具体的波动性上限，我们绝不会让其超过上限。每天，计算机都会获取数据，处理波动性的 20 日移动平均，重新计算当前持有的资产，因为当日要么赢利，要么亏损，这会使资产发生改变。

然后，我们便得出了波动性占交易金额的新百分比，在那 80 个市场中，这个新百分比会和每一个市场的波动性上限进行比较，若波动性超出限额，系统便会发出退出市场的指令。我们就会于次日在市场上将其出售。

阿龙：在最初那几年，你是否总会设想自己终有一日会取得你所预期的成功？我很想知道你当初是否有这种可为之奋斗的长期愿景。你清楚自己想要实现的目标，问题就在于如何达成该目标。

汤姆：一开始我甚至都没想过自己会成为专业的资金经理。我是个化学工程师，单纯想做份兼职，找一种管理资金的方法。

我想，倘若我能成功经营自己的投资组合，那我或许就能提前几年从化学工程师的岗位上退休。

做化学工程师的最初几年，我很开心。我的薪资不菲。1974年我走入社会之际，因为石油禁运等原因，化学工程师可是当时薪酬最高的工程专业之一。

当时的生活对于一个20出头的单身小伙来说真的不错，我赚的比花的多，渐渐攒下了很多钱，于是，我就学着如何做交易。我单纯把它当成是辅助的投资组合，一方面增加自己的净值，另一方面留个后手，以防自己被解雇。

渐渐地，有人发现了我经营自己的投资组合时取得的成绩，于是投资俱乐部的人便说："嘿，要不试试用我们的资金做你的交易？"后来，我的资金管理客户人数达到了上限，我又成功注册成为投资顾问，然后遇到了两个朋友，他们最终和我一起进入了投资顾问行业。

我当时还在想晚上或是周末的时候把它当成兼职、副业来做，毕竟也算第二个收入来源。但它终归就是个管理资金以及为各项服务（即在美国登记的各项成本）付费的方式，其中涉及了一些资金。

最后出乎我意料的是，本来只是个兼职，结果赚的钱却能抵得上一份全职工资了。

于是我对我的两位同伴说："你们都有孩子，有家庭，旅游出行都不太方便，束缚比较多。我孑然一身，生活很自在。要是能建一家公司，让我赚的和在化工公司的薪水一样多，我就离职了。咱们好好想想，把它变成一家全职的成功企业如何？"

他们同意了。于是我离职，筹备起一切，出差、见客户、记账、创建计算机系统、雇佣秘书、租办公室，创业的方方面面都亲力亲为。完成了一项又一项工作后，很快我就吸引来了第二位合伙人；不久，第三位合伙人也加入了我们；我们也有了更多的员工。一切都成功落地。

阿龙：讲讲你们在 Trendstat 的交易方式吧。我觉得 Trendstat 完全是系统化的操作，对此你能解释一下吗？

汤姆：公司名字是我自己起的，就是趋势跟踪统计（trend following statistics），简称 Trendstat；其中，s-t-a-t 就是统计（statistics）的简称，trend 就是指趋势跟踪（trend following）或者市场趋势（trend of the markets）。

我认为，如果你能收集很多不同市场上的大量数据、确定趋势并且始终根据趋势确定投资组合头寸，那么假以时日，市场上的大波动、大趋势终会为你所用。

Trendstat 第一年有一组很好的数据，我想引用一下，当年我分析了公司的盈亏状况，我还对当年的交易进行了评级，从赢利最高的交易一路排到了亏损最重的交易。当时我的交易可靠率在30% 多，也就是说，30% 的交易赢利，70% 的交易亏损。

但事实证明，一年中有两笔交易获利颇丰，若非这两笔交易，那一年只能是不赚不赔。正是这两笔大获成功且令人惊叹的交易让天平倒向了赢利的一边。投资组合里一定要有这样的交易，没有的话，这一年只能是不盈不亏。

这引发了我的思考——我不能找任何借口，必须始终保证每年都要拿下这两三笔交易。只有它们才能带来全年的赢利，其他的交易不过是费心费力的徒劳。

这着实促使我扩大了交易的市场数量。如果你交易的市场越多，你就越有机会在某些市场赶上那一两笔交易。我无法提前预知哪个市场或哪笔交易会成为大赢家，但我要确保自己有尽可能多的机会碰到它们。

于是我就购入更多的电脑。巅峰时期，包括作为工程师的我本人在内，公司里共有 3 位全职的计算机专家，从事从编程到硬件到维持网络运转再到将数据备份到异地设施上的全部工作。各种工作都由我们经手。

公司倒成了个数据处理的场所。很多人过去认为我是——现在也认为我是——交易员。但当我身处 Trendstat 之时，很多时候我都认为自己既是交易员，也是这家数据处理公司的总裁。回首当年，我意识到，自己的确是个交易员。我得创建所有这些程序，我得和编程人员讲自己的目标是什么，这的确是身为交易员的体现。但如果你整天跟在我身边，你便不禁会想：怎么会有人觉得他是交易员呢？

阿龙：你没有把自己描述成那种司空见惯的交易员，而是把自己形容为数据处理员，把公司称作数据处理中心，这真的很有趣。

在 Trendstat 的交易日，会有人与交易系统互动吗？

汤姆：没有，互动为 0。我们创建了大量的计算机程序来获取数据，我们每天对这些数据运行一次程序，然后再由我们内置到计算机中的算法做出决策。结果会被打印出来，员工只需扫视一番，找寻任何计算机故障或数据故障，或者任何看起来可疑之处。

这将是我们捕捉错误的最后机会，这种错误可能由编程不当产生。但是，一旦我们确定一切正常、数据正常、数据通过所有查验环节，我们就会创建订单、按下按键、发送订单。

一切都是自动化的。唯一需要人员操作的地方就是开启程序运行订单，扫视一番，看看是否有可疑之处，然后按下按键传输订单。这是唯一需要人工的地方。

阿龙：Trendstat 是在 20 世纪 90 年代投入全面运营的对吧？

汤姆：是的，我们分了不同的阶段。

阿龙：在那段时间，这种系统化、自动化的方式在资金管理公司中是常见还是独树一帜？你用的技术在当时算不算相当尖端？

汤姆：我觉得"尖端"这个词，仁者见仁，智者见智。我们试着在众多市场内实施长期交易策略，以实现该过程的自动化——这才算得上尖端。我确信，20 世纪 90 年代的时候还有其他的自动化交易员，但他们可能更多是在做日内交易、跨期买卖、配对交易等诸如此类的交易。似乎很多自动化流程都被用于短期交易，而我们正相反，我们以系统化的方式专注于较为长期的交易。在这一方面，我们或许与众不同。

阿龙：最初是什么吸引你采用系统化的方式呢？

汤姆：我的回答是：惰性——人类的惰性。我最初做交易的时候，得拿出图表纸，每晚耗费眼力浏览市场行情、记下新的数据、找出自己的订单、创建传真，然后把它发到交易台，让他们为我次日的交易输入订单——工作量巨大。

因为我是工程师出身，知道如何编程，所以当个人电脑一问世，我就想："我给自己买台电脑多好？这样我就能编程，从某处获取数据，输入数据，让编程后的电脑做我每天手动做的事。之后，它就能生成一系列订单，我把它们打印出来，用传真机传送过去就好了。"

后来我发现有个叫传真卡的东西，我可以把打印的文件存储到传真卡上，然后放到传真机上传输给交易台。我在逐渐缩减我的工作量。可以说，我发扬了这样一种哲学，即人类的努力有两种形式。

一种是艺术性、创造性的一面，我觉得这是人人都爱做的一面，那种富有艺术气息的、发明创造的行为；但人类还做了很多机器也能做的事情，这类行为重复乏味、无须太多脑力劳动，如果你能设置规则，准确描述出自己的行事方式，那么机器就能完成你的工作。你只需要为机器编程就可以了。

我在 Trendstat 努力实现的，就是让每一个人都尽量做富有创造力的工作，让计算机代替我们做单调沉闷的工作。这就是我的努力哲学。

阿龙：你谈到了系统化的方式，但我认为你实际的交易方式在很大程度上是基于趋势跟踪。为什么你调整的趋势跟踪方式与你的性格如此契合？你觉得这种方法有哪些关键优势？

汤姆：其中之一便是，很多大型的共同基金和经纪公司一直表示："这个方法不可能奏效。"但我看到很多知名人士凭借这一方式成功达成了交易。此外，该方法关乎数学运算。它之所以适合我，还因为它在本质上偏向长期交易，交易员不用担心市场前一个小时的走势。我当年很忙，没时间关注市场前一个小时的情况。当时的我还在起步阶段，一面做着工程师的全职工作，一面忙着兼职，攻读工商管理硕士，同时还在树林里试着打造一间由自己操刀设计的房屋。

我二三十岁的时候事务繁多，我觉得自己必须得非常高效，而趋势跟踪就保证我能始终捕捉住市场的大趋势。正如我之前所讲，在某些年份，Trendstat 中的两三笔交易就能决定今年是赚还是不盈不亏。所以我必须得抓住市场的每一次重大变动。

趋势跟踪总能从数学的角度捕捉到每一次重大的变化。它不会失手，这让我能放心将其作为一种交易方式。你每天所做的其他一切（那些小额的亏损，三分之二的时间都在亏损）都只是费力的徒劳。

阿龙：你觉得 10 年、20 年前的趋势结构与如今的趋势结构相比，是否发生了变化？可不可以这样说，以前的趋势更清晰明确，而如今的趋势更加起伏不定？

汤姆：有可能。其实我近些年来并未花时间做这种研究。我认为，当今市场的确波动频繁，但大多是受较短期的计算机行为影响。但据我对交易界过去三四十年的观察，我觉得计算机的使用加速了交易界中的一切。现在全世界的交易量可以达到几十亿股。但 1974 年我毕业的时候，从 1973 到 1974 年历时两年的熊市告终之际，纽约证券交易所业绩超好的一天才能交易 1000 万只股。相较来看，SPY 自己就能交易上亿只股。一种工具的交易量就是 1974 年整个纽约证券交易所交易量的 20、30、40 倍，因为当年交易所都是亲手上阵。当年有各种票据、电话，人们各处奔走，一切都非常低效。

而现在，你能以更快的速度完成一切，甚至可以告诉电脑更快做决策、更快传输决策。一切都设定好了。所以趋势是否发生了很大的变化我也不清楚，但很可能变化更快了。

对我而言，投资的完整趋势就是一整个人类心理的循环。人们先是处在"我再也不想进入股市"的心理阶段；然后，股市开始上涨，但人们还处在"我不信"的阶段；然后股市进一步上涨，人们就想："我也不清楚，不如进去试试？"然后你又会在鸡尾酒会上听到人们谈论此事，你几乎想立刻买入；但等你真的买到手的时候，股市已经触顶，股民们的心理开始逆转，又"不想进入股市"了。

如今这种从抑郁到兴奋的心理转变似乎发生得快了很多。我们有电信、日志，手机会推送各种各样的新闻。所以，我们知道希腊危机的最新事态，知道首相将要发表何种言论，会有 25 个人分析他说什么、不说什么，一切都唾手可得。但以前你得等到《华尔街日报》的出版才能了解一些时事。现在，一切都是电子化的，一切都能快速做出回应。

阿龙：据你的观察，如今很多交易员似乎都痴迷于预测未来，而非专注当下。你是怎么看待这一现象的呢？

汤姆：当人们发现我曾当过交易员，他们就会开始谈论投资的话题，哪怕是朋友聚会之类的场合也不例外。几乎人人都会受到投资的影响。大家会问我："你觉得美元走势会如何？你觉得这个东西的行情会怎样？你觉得政府会对此采取什么措施？"

我可以对此展开理智的讨论。以前，我必须了解，而且也十分了解各国的货币政策。如果是在客户面谈中某些大型银行想要聘请我管理其货币，单纯出于这个原因而非其他，那我可以明智地谈及各国经济（哪怕这和我的交易没有任何关系），或者至少看起来对世界各地的经济形势了如指掌。

我依然保持着关注时事的习惯。我以极大的兴趣关注着整个欧元区和希腊的事，这是因为 1997 年人们采访我的时候，我不带丝毫的犹疑回答道："欧元是个愚蠢的想法，它绝不会长期存在。根本不可能。你不可能让各种不同的政治体制全都服从于一种基于一大堆不同资产负债表的单一货币上，这根本不现实。"有的人会欺诈行骗，有的人会敷衍了事，还有人会受到不公平的待遇，偿付他人的过错。这就是你现在看到的情况。

有些德国人也受够了其他国家——像希腊、意大利、葡萄牙、西班牙以及其他一些国家，它们债台高筑，在财政上几乎毫无作为。想必用不了多久，就会有人高喊"我真是受够了"，然后使欧元区瓦解。

我一直都觉得这是个愚蠢的主意。预测固然有可取之处，但现实中，对交易而言，我关心的只有当下自己的投资组合需要设置多少头寸，仅此而已，再无其他。你不知道明天会发生什么，也不用在意昨天有什么影响，毕竟一切已经过去，不会从头来过。

你真的需要专注于自己的投资组合。我曾听保罗·都铎·琼斯（Paul Tudor Jones）说过，每天一开始，他喜欢假设自己所有的头寸都设置错了，于是他就得从头来过，重新分析自己当前想要实现的目标。如果他假设一切都有问题，他就得对每一笔头寸持批判态度。分析完成他才会做出决定："不，我很认可这笔头寸，我想再持有一天。"我觉得他就是在用这种方式迫使自己专注当下，这是件好事。

交易员唯一能掌控的就是当下的买入或卖出，你不能三周后再买入，那没有意义。

阿龙：你曾谈到抛硬币的概念，用以阐释为何资金管理、好的风控和退出市场要比入市重要。

汤姆：我曾做过随机研究。我用电脑创建了一个随机数生成器，将其用于 8 个市场中。每天结束，如果没有头寸，我就用随机数生成器建立头寸。有个奥地利人将这一模式用到了 20 个市场上，结果是一样的。其实，他们可能赚得比我还多，但我们赚的都是薄利——不是大幅赢利，只是薄利。

归根结底，这和我刚刚提到的是一个概念。如果你一整年都在做交易，那两三笔交易就能决定你是赚得盆满钵满还是不盈不亏。你必须在某个市场参与这些交易，一旦参与其中，你就要让其驰骋股市，让它带来你所追求的巨额利润。

随机数生成器只会说："没事，走哪条路我都不在乎。市场可能涨势足，可能跌势猛。我就抛个硬币，不论结果如何，明日一早我都会按照它的显示买入或卖出。"

但一旦我设定了新的头寸，我就得努力把它当成我下一个日进斗金的大交易，因此，我需要在合理水平上跟踪止损，让其有足够的移动空间，妥善限制风险水平，但与此同时还要给它正常移动的空间。所以，看你想让这笔交易有多复杂，像真实波动幅度均值、图表上的突破这类东西都可以发挥作用，让市场正常移动，同时允许该交易在长期内不断累积利润。

一旦达到止损，就说明该趋势不是你的目标所在，它并不是让你的投资组合堆金积玉、大获全胜的交易。

最后的结果就是你不得不退出市场，重新抛硬币。随机数会出现50%的概率买入、50%的概率卖出。用不了多久，你就能赶上赚大钱的大趋势，这就是你全年薄利的来源。

你会经历很多亏损、一些赢利，还有几笔赢利颇丰的交易，而后者是你必须参与其中的，随机数生成器会把它们摆到你面前。

阿龙：心理因素在赢利交易中举足轻重，你为什么认为它非同小可呢？

汤姆：依我之见，优秀的交易需要具备以下三个条件：第一点，也是最让大家耗神的一点，就是买卖策略。你要能说出个所以然来，比如"这就是我买卖市场、股票或任何交易产品的方式"。第二点，你得回答这些问题——"我的交易量是多少？我该购入何种工具？"。我把这称之为投资组合、风险及波动性管理的领域，这也是你要掌握的。第三点，在我看来是最重要的一点，但也是很多人最少花心思的一点——你自己的心理。即便是在当年全自动化的 Trendstat，我作为一个人、作为 Trendstat 的所有人也有终极的掌控权，我能去关掉电脑、中止程序、做我想做，因为这家公司 100% 属于我。

如果我对我们从事的交易没有强大的心理素质，没有足够的知识储备，对自己创建的东西也无法坦然接受，那么当我第一次经历回撤之时，我就会对自己和所有的计算机产生怀疑。我会告诉那些操作电脑的员工，说我们得找个全新的交易方式，我们找找那个上一年貌似赢利 50% 后来也很火的那个策略。我甚至可能会去做黑箱交易，能有什么区别？我会在交易和失败间不断切换，就因为我没有良好的心理素质。

所以，即便我实现了自动化操作，我依然要对自己的交易保持良好、平稳的心态。范·撒普博士有句至理名言："优秀的交易在于当天按照策略行事。当天是盈是亏并不能决定交易的好坏，遵循策略才是。"这番话发人深省，很久以前，我听到他的这番话时就感到振聋发聩。我想："说的太对了。我每天就是这么做的。"这也是我与他共事的原因。那些年，他举办研讨会的时候我会去帮忙，我发现，能遇见世界各地的人真是一桩趣事。我们合作得相当愉快，直到后来我行程太忙，就没再做下去。

但他的表达内涵丰富、别具匠心。优秀的交易就是要遵循策略，好的交易不是指赢利，坏的交易也不是指亏损。制定好的策略是你需要做的事，一旦你有了好的策略，你只需遵守并执行即可。

交易期间，你的那笔头寸已让你亏损 3%，你不确定自己是要抽身还是坚守，但绝不能因交易中途的头脑发热而去改变策略。你应该早就弄清楚了，按部就班照着策略执行就好了。要是你出售了头寸，市场也收盘了，这时你再静坐反思刚刚发生的情况，努力想出更好的方案，那没有问题。

我不是在否认不断奋斗的必要性。我刚才还坐在这里，沉醉于自己做的某项股票研究呢。即便我已退休、步入花甲之年，我依然在工作。我觉得人要不断工作、不断提高。但除非你想到了更好的方案，否则你就要坚守住你当前的主张。

但很多人不这么做。他们会叫停，甚至做黑箱交易。结果半年之后，弃之如敝屣，又开始全盘改动，加上一层又一层的交易过滤器。

有人通过脸书给我留言向我提问，我说："给我讲讲你在做什么，我看看我能不能解决。"于是他们就会讲解各种不同的过滤器、只有当平均趋向指数（ADX）为 X 时才会做什么事之类的。我就很纳闷，他们加了那么多过滤器，到底怎么才能让交易成行啊？他们力求完美，但弄得太复杂了，这根本行不通。他们很可能会错失那两三笔让他们大获全胜的交易，就因为他们过滤掉了很多交易。

我鼓励大家真正理解自己的想法。我觉得有些人会更适合做交易。有时，那些非常精明、智力超群、出类拔萃、自诩比其他人都聪明的人，反而很难做交易，因为他们懂得太多了。有些最优秀的交易员——倘若你研究一些做多的交易员，他们可能就是普通人，对投资知之甚少，也根本没读过工商管理硕士之类的学位。他们之所以成功，是因为他们找到了能起效的东西并坚持到底。他们不会被市场击败，因为他们压根就没那个脑力，没想分析、系统理解市场中的方方面面。他们只想赚点钱回家，这是他们的目标。

每个人都要研究自己的心理，都要扪心自问：自己能做些什么来保持心态平稳。这样他们在实际做交易时，就能专注于当下，就能分析自己想要实现的目标，就能保持冷静、快速做出反应。这才是优秀的交易。心理因素至关重要。

你想付出什么努力都可以，但若是没有好的交易心理，不注重这至关重要的第三点，你就永远也无法执行优秀交易的前两点。

阿龙：杰克·施瓦格在《新金融怪杰》中采访你时，因为你沉着冷静、镇定自若的交易风格，他称你为"宁静先生"。你是如何做到这一点的？如何在下跌期依然保持泰然自若的心态呢？

汤姆：对于这个问题，我问过自己很多次。回首往事，我能想到与我的过往和人生有关的唯一一件事，便是我总是忙于太多事情，无暇守在电话旁或报价机前。在交易市场之外，我依然有着广泛的兴趣。我曾见过一类人，他们半夜起身，就想看一眼床边的报价器，了解今晚欧元的行情。我觉得这多少有些疯狂。

我喜欢给朋友打电话。今天也由我来做晚餐。我还乐于帮助其他交易员。昨天我就在修理前院。我很喜欢意式景观，花团锦簇、竞相绽放。我还自己亲手修剪所有的灌木和树丛。有太多的事情填满我的一天，而交易只是其中之一。做自己喜欢的事可以让我头脑清醒，保持专注，远离世界的纷纷扰扰。希腊危机就是一种"纷扰"，"我的天，金价又涨了 10 美元"也是。凡此种种吸引你思绪的事情都会突然把你拖进一个心理深渊。

由于我太过忙碌，我就编程让电脑去完成我的诉求，让电脑自主运行，并且我也清楚它们在做些什么，所以我能静下心来思考今天做什么晚餐，专注于我的高尔夫比赛或是去某地享受愉快的假期。我不用每天痴迷于读报纸、看报价、浏览图表、为所有事情发愁。

很多交易员都太过精神抖擞，包括杰克在内，我觉得当年他采访我的时候——他就是那种举步生风、积极进取、经常出差的纽约精英形象。他采访的很多"金融怪杰"都是雷厉风行的高风险人士，有些人已经不在行业内了，有些人昙花一现但并未取得长期成功。

相比之下，我就相当无聊了。我的与众不同之处在于我那系统化、避繁就简、从容不迫的处事方式。我觉得这一点在某种程度上吸引了杰克，因为他也有点想把这一方法融入自己的生活中来。我们的交谈起来很愉快，我很喜欢杰克，他人很棒。

阿龙：你曾提到人生好似电影。这句话有何深意？这对你的人生产生了怎样的积极影响，或者更具体来讲，对你的交易有怎样的积极影响？

汤姆：如果你去看电影，当前放映的荧幕场景永远都是此时此刻的剧情。你可以猜测情节的走向；你可能猜对，也可能猜错。这有点像市场。你以为它会上涨，但也可能会下跌。但你知道自己当下看到的是什么，因为它就显示在了屏幕上。

如果你关注当下，那么此时此刻，观看恐怖电影就会让你心惊胆战，情感电影就会让你热泪盈眶，喜剧电影就会让你开怀大笑，因为你全神贯注，你看懂了里面的包袱，说道："真好笑。"

观影时你可能百感交集，但你没有深陷其中。因为你知道那只是电影，只是供人娱乐的东西。你依然有自己的人生、自己的信仰、自己的内心世界。我喜欢把市场和人生想象成一部电影。你大体知道情节的走向，但人生总会带来不期而遇的转折。市场也是一样。你只能静观默察、扪心自问："好吧，还真是有趣，那我们接下来要怎么做？"你要如何应对？面对新的信息、新的变化，你会使用何种策略？它会让你对实际交易不要感情用事。

你可以把交易看作是电影，而不是把交易当成生活，仿佛人生的一切都围着市场转。早上醒来就查看股市，晚上睡前也要查看股市，成天端着手机查看股市。午餐时间不和他人交流，因为你太担心欧元的走势了。这对我来说完全不是看电影，倒像是在电影中迷失自我。

阿龙：担任资金经理的这些年，乃至退休后，时至今日，你一直在努力让自己的交易方式契合自己想要的生活方式，而非背道而驰。

汤姆：我经常收到人们的来电，或是脸书和推特上的留言，询问我是如何做交易的。我不想冒犯到别人，但我真想和他们说："跟你有什么关系呢？你应该为你自己的交易设计策略呀。为什么要复制我的做法呢？我与你的净值不同，专业水平不同，电脑设备不同。连我参与交易的市场，其法律法规都有可能与你的不同。"

有些印度友人来向我咨询，但我压根不清楚印度的股市行情、法律法规如何，经纪行业如何。我从未交易过印度股票，近期也没有交易印度股票的打算，除非情况有变。我只是不清楚那边的情况。所以为什么要把我的行事方式强加到你的人生中呢？针对你自己想做的事，开发适合你的策略才更好。

我正是这么做的。我如今退休了，但每天还会抽出点时间来做交易。我刚才提到过，今天，我沉浸在对股票市场的研究中，因为我想探索一些想法。但很遗憾，我没得出什么深刻的结论，但这确实耗费了我一天中几个小时的时间。一切如旧（明天我在交易上的行事会和今天一致），但多了些思考的内容。

我会带着电脑去度假，每天大概会花上 20 到 30 分钟的时间做交易，我在度假期间最多只能抽出这些时间。如果我能以更短的时间做完交易（比方说，游轮上或者其他联网的场所），那我每天都能完成交易设置，继续实践我的策略。这个策略就是按我的行程来安排设计的。

我发现很多全职工作者会研究交易系统和策略，我就想着："你有全职工作还怎么研究交易呢？你得出去和客户沟通或是设计产品。这样你还怎么集中精神做交易呢？你会错过交易的，你也没有足够的资金来让交易多元化。"所以一开始他们就会面临很多很多问题。

我发现资金是很多人面临的最大问题。他们想白手起家，跟我说自己有 2000 美元，问我怎么才能开始交易期货合约。这个问题让我很尴尬，因为我得承认，我刚起步的时候，账户里也就只有两三千美元，我当时完全不知道自己在做什么。所幸后来我弄明白了，经历了 4 年的亏损后，又花很长时间才到达不赚不赔的状态。但后来我的交易规模不断扩大，更多元化、风控优化、波动性控制提升，这一切都随之而来。

我觉得从数学上来看，用 2000 美元起步是不现实的。所以，很多人都缺乏资金，不懂自己面临的处境，他们不去想："我怎么才能为自己设计个策略呢？"这让我很是遗憾。他们应该考虑的是："我怎么才能让我的交易策略属于自己，专属于自己？怎么让它契合我的生活方式、资金、资源和专业水平？"毕竟他们用的是自己的钱做自己的交易，这样考虑过后，他们才能在心理上更坦然地专注于当下，做该做的事。

他们不用在意汤姆怎么做交易，迈克尔·科维尔怎么做交易，杰克·施瓦格怎么做交易。这些不重要，重要的是你自己怎么做交易。

阿龙：很显然，你坚信自己要对人生的方方面面负责。为何你对此感触这么深呢？我想听听你的看法。

汤姆：一旦我清楚自己要对交易的方方面面负责，我就备受鼓舞。市场会经历大起大落，有时纷纷扰扰，有时沉闷乏味。市场就是如此。你不能把你的问题归咎到市场身上，你得为自己承担责任，扪心自问："我该如何应对人们在我有生之年抛出的各种问题？"你若能回答出这个问题，就能制定出适合你的交易良策。

举个例子，希腊现在上了新闻，它没有为自己的管理不善担责。当今社会各行各业都有这样一个倾向，就是要么推卸责任，要么指望别人来解决自己的问题。主动担责在社会上越来越少见了。我觉得这根本无法把我们引向正途。在我看来，全球很多政府似乎都陷入了财政困境，拖欠债款的现象越来越多了。

阿根廷的状况也不好，委内瑞拉简直是灾难，美国的财政入不敷出。整体经济早晚会崩溃。我也不知道全世界会对此作何反应？最后的结果恐怕会相当混乱，因为全世界很多政府都陷入了财政困境。当人们不再通过政府债券和贷款向政府提供资金，或者政府印刷太多货币导致通货膨胀或紧缩时，国民们便会苦不堪言。若不担责，世界便会一塌糊涂。

承担自己的责任意味着让你平心静气，知道自己有能力采取行动，而非只是被迫承受生活中的问题。

如果你能为一切负责，就能更好地应对问题，做必要的事，从而让生活过得更好，还能为社会做出积极的贡献，也能让自己的交易策略受益匪浅。自我负起责任能让上述的一切都有所改善。

阿龙：你喜欢说："享受这段旅程"。你常常用这几个字结束推文，寥寥数语但字字珠玑。能和我们分享其中的深意吗？

汤姆：其实这是一种哲思。人生就像一段旅程，有起有落，也有不期而遇的惊喜和意想不到的机遇。最后，你离开人世。所以，不妨享受这段旅程吧。

我觉得人们把某些事看得太重了。我认识各种各样的交易员，他们不愿退市的原因就在于他们太沉迷于交易；他们觉得自己的身份就是交易员，却忘了自己也为人父、为人夫、为人邻；他们纯粹沉迷于交易之中。

教师、销售员、安装窗帘和百叶窗的工人等，他们也都是如此。例子数不胜数。我有些朋友早就过了正常退休的年纪，但他们根本停不下手头的工作，就因为他们无法摆脱自己的身份认同。他们没有给自己创造出其他的身份。

享受这段旅程，其实就是把人生当成一部电影。旅程就如同大多数电影一般，会有意想不到的转折，会有捧腹大笑的情节，也会有热泪盈眶的桥段，你要享受所有的一切。生命短暂，你为何不笑对一切呢？除此之外，毫无意义，对待市场下跌你也要持同样的心态，即"享受这段旅程"。

今天采访时，我收到了一个下跌信号，当时刚好是中午。我看到对冲措施上线，于是我就发了推文告知大家。我有 5 个新增粉丝，消息一出就被分享到各处，从我的角度看，这还挺奇怪的。其实，我今天确实有亏损，但亏损没有市场跌幅大，所以这不算坏事。可能是因为我缓冲了些风险。如果市场持续走低，我的情况其实会相当不错；如果明天市场掉头上涨，我就又要丢人了。但这没有关系，因为我在享受这段旅程。

我要为今晚做顿丰盛的晚餐了。今晚我要好好享受一下，不会再为交易分神了。明天我还会做同样的事，所以我明天会继续享受旅程。